지구는 무거워질까요 가벼워질까요

푸른길

또 다른 내일을 위해 우리가 알아야 할 일

인구에 대하여

딩동댕동 딩동댕동.

안녕하세요. 우리는 작가라는 이름보다, 또 때로는 각자의 이름보다 선생님이라는 말이 더 익숙한 사람들입니다. 여러분들이 학교에서 만나는 우리 반 선생님이라고 생각하면 더 편할지도 모르겠네요. 이 책은 제목에서 알 수 있듯이 '인구'에 대해 여러분들과 함께 이야기하고자 하는 책입니다. 6명의 선생님 모두 인구 문제라는 하나의 사회 현상에 대해 이야기하기 위해 모였습니다.

그렇다면 왜 우리는 여러분에게 많은 사회 현상 중 인구 문제에 대한 이야기를 꼭 들려주려고 했을까요? 가장 큰 이유는 여러분들이 선생님의 나이가 되었을 때 눈앞에 닥칠 가장 긴급한 문제 중 하나가 인구 문제라고 생각하기 때문입니다.

세계인구는 전례 없는 속도로 증가하고 있습니다. 제한된 환경인 지구에 사람이 많아지다 보니 자원 고갈, 환경 파괴, 사회 및 경제적 불평등 등 복잡한 일들이 계속 생겨나고 있어 골머리를 앓고 있죠. 하지만 우리가 사는 대한민국의 경우는 정반대입니다. 대한민국의 인구가 그 어느 나라보다 빠르게 감소하고 있다는 이야기 들어본 적 있나요?

2022년 대한민국의 출산율은 경제협력개발기구(OECD) 회원국 중 꼴찌이자 평균(1.59명)의 절반에도 못 미치는 수준인 0.78명을 기록했습니다. 안정적인 인구 유지를 위해 필요한 출산율이 2.1명이라는 것을 생각해 본다면 꽤나 충격적인 결과입니다.

'고령화' 역시 대한민국에서 중요한 문제입니다. 노인인구를 전체인구로 나눈 노인 비율이 증가하는 것을 고령화라고 하는데, 대한민국은 세계에서 가장 빠르게 고령화되는 나라 중 하나입니다. 고령인구 비율의 급격한 증가는 경제 성장에 영향을 미치기도 하죠.

『지구는 무거워질까요 가벼워질까요』에서는 우리나라와 세계의 인구 문제에 대해 좀 더 깊이 이야기하고 있습니다. 물론 인구가 무엇인지, 사람이 모여 이루는 가족은 또 얼마나 다양한지도 살펴보고요. 나아가 인구 문제와 관련하여 청소년 여러분들이 직접 참여할 수 있는 다양한 활동도 소개하고 있답니다.

우리가 모든 인구 문제를 직접 해결하기는 어렵습니다. 그러나 이런 문제를 함께 생각하고 고민해 본다면 조금씩 조금씩 더 좋은 방향으로 나아갈 수 있습니다. 책을 읽으며 여러분들 나름의 해결책을 떠올려 본다면 더 재미있는 수업이 되지 않을까 싶네요. 수업에 찾아온 여러분들 모두 환영합니다. 그럼 1교시에서 만나요!

차례

1교시

인구의 이해

1. 옆집 알리 씨는 한국인일까?

중학생인 성훈이에게는 최근 새로운 친구가 생겼습니다. 바로 옆집에 이사 온 알리 씨입니다. 알리 씨 가족의 저녁 식사에 초대된 성훈이는 젊은 사람들이 많고 계급이 있는 인도 문화에 대해 듣게 되었습니다. 다른 나라에서 온 알리 씨와 친구가 되면서 성훈이는 세상에 나와 다른 생각과 문화를 가지고 있는 사람들이 있다는 사실에 놀라게 되었습니다. 그리고 어딘가에 또 내가 상상하지 못한 것을 경험하는 사람들이 있다는 생각에 호기심이 생겼습니다.

나는 살아가면서 몇 명의 사람들을 만났을까?

지금 내가 실제로 만나고 있는 사람들은 총 몇 명일까요? 우리는 살면서 가족, 친구, 선생님 등 많은 사람들을 만납니다. 아마 내가 매일 직접 만

나는 사람은 몇십 명 정도밖에 안 될지도 모릅니다. 그렇다면 내가 알고 있는 사람의 수는 몇 명일까요? 사람에 따라 다르겠지만 아마 TV나 인터넷 등을 통해 알게 된 사람을 포함하면 몇백 명 정도 될 것입니다.

그렇다면 여러분이 만나고 있는 사람들은 '나'와 같은 생각을 가지고 같은 행동을 할까요? 아마 아닐 겁니다. 내 가족과 가까운 친구들도 나와는 다른 생각을 하고, 다른 행동을 하기 마련입니다. 그래서 가끔은 서로가 이해되지 않을 때도 있고, 서로를 이해하기 위해 대화를 통해 소통하기도 합니다.

그런데 세상에는 내가 만나고 알고 있는 사람 외에 수천만, 수억 명의 사람들이 살고 있다는 사실을 생각해 본 적이 있나요? 내가 만나고 보지 못한 곳 너머에 셀 수 없이 많은 사람들이 다른 국적, 문화, 가치관을 가지고 살아가고 있습니다. 나와 다른 환경 속에서 다른 경험을 한 사람들의 생각과 행동은 어쩌면 우리가 그동안 상상하지 못했던 것일지도 모릅니다.

그렇다면 우리는 왜 그런 사람들에게 관심을 가져야 할까요? '인구'란 쉽게 말해서 '어떤 지역에 사는 사람'을 말합니다. 따라서 이런 사람을 이해하는 것은 나와 내 주변 환경을 넘어 더 큰 세계에 대해 이해하는 것과 같습니다. 내가 보고, 말하고, 생각하고, 행동하는 것과 더불어 다른 사람들에게 관심을 가지면 세상을 보는 시야가 넓어질 것입니다. 내가 사는 공간의 한계를 넘어 창의적이고 새로운 것들을 시도하는 첫걸음이 되는 것이지요.

같은 내용으로 유튜브 촬영을 한다고 하더라도 우리나라만을 대상으로 할 때보다 전 세계를 대상으로 할 때 더 많은 구독자와 조회수가 생기기도 합니다. 또 우리나라에서는 당연한 것들이 다른 나라에서는 당연하지 않기도 하고, 다른 나라에서는 당연한 것이 우리나라에서는 당연하지 않게 여겨지기도 합니다. 우리나라와 일본과 같은 동아시아 국가 사람들에게 초밥은 꽤 익숙한 음식입니다. 하지만 과거 유럽에서는 초밥이 지금만큼 대중적인 음식은 아니었습니다. 이러한 상황을 주의 깊게 관찰한 켈리 최 회장은 햄버거처럼 가볍게 먹을 수 있는 초밥도시락 가게, '켈리델리'를 열어 프랜차이즈 매장을 늘렸고, 5,000억 원의 부자가 되었습니다.

4차 산업혁명 시대에 가장 필요한 자질 중 하나는 '상상력'입니다. 기존의 사물을 다른 관점으로 바라보았을 때 그 아이디어가 세상을 변화시킬 수 있기 때문이죠. 항상 전화 통화로 주문해 먹던 음식을 핸드폰 애플리케이션으로 주문해서 먹겠다는 아이디어 하나가 배달 앱 '배달의 민족'을 만들어 낸 것처럼 말입니다. 오프라인에서 팔던 책을 온라인으로 팔겠다는 아이디어가 '아마존'이라는 거대한 온라인 쇼핑 사이트를 만들어 내기도 했습니다.

그렇다면 내가 항상 보던 것들을 다른 관점에서 바라보기 위해 가장 필요한 역량은 무엇일까요? 바로 '세상을 보는 시야'입니다. 다른 관점을 가지고 생각하는 사람을 많이 만나야 나도 다양한 관점으로 세상을 바라볼 수 있기 때문입니다. 내가 사는 곳, 만나는 사람, 지금 이 순간을 넘어서 더 넓은 관점에서 현재를 바라볼 때 우리는 새로운 것을 상상하고 창조하는 생산자가 될 수 있습니다.

그렇다면 세상을 보는 시야를 넓히는 방법은 무엇일까요? 바로 변화의 첫걸음인 '세계의 인구'를 알아야 합니다. 학교에서 국어, 수학, 영어 등을 배우면 관련 지식이 쌓이게 되는 것처럼 내 주변 환경을 포함한 더 큰 세계와 삶에 대해 배워야 내 머릿속에 풍부한 관점이 쌓이게 된답니다.

인구가 가장 많은 도시는 어디일까?

세상에는 얼마나 많은 사람들이 살고 있을까요? 2021년 기준으로 약 78억 명입니다. 우리나라의 인구수는 2021년 기준 약 5,100만 명입니다. 전 세계에는 우리나라의 156배에 해당하는 사람들이 살고 있는 셈입니다. 만약 지금 내가 만나거나 알고 있는 사람이 1,000명이라고 해도 800만 배에 해당하는 사람들이 이 지구에 사는 거죠.

그 사람들은 어디에 살고 있을까요? 지구에는 6개의 대륙과 남극이 있습니다. 크기순으로 나열하면 아시아, 아프리카, 북아메리카, 남아메리카, 남극, 유럽, 오세아니아입니다. 우리가 살고 있는 아시아는 가장 큰 대륙으로, 전체 육지 면적의 약 30%를 차지하고 있습니다. 미국이 있는 북아메리카는 약 16%, 유럽은 약 7%의 면적을 차지하고 있다고 하니 왠지 뿌듯해지기도 합니다.

세계에서 가장 많은 사람이 사는 대륙은 어디일까요? 이 또한 우리나라

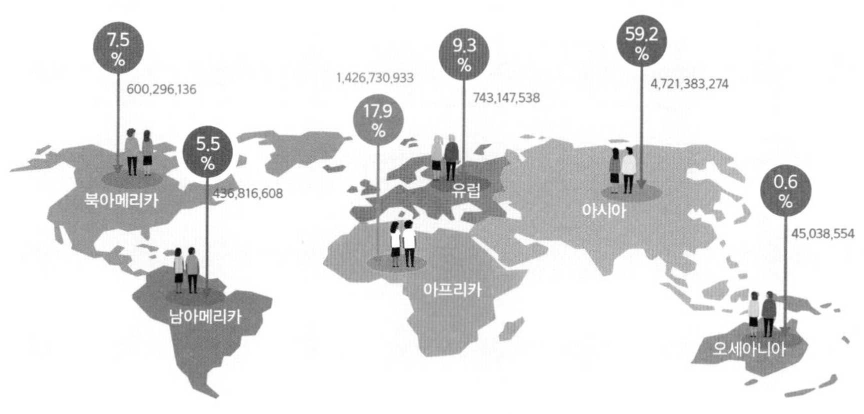

대륙별 인구(2020년 기준)

가 속한 아시아입니다. 2020년 기준으로 약 47억 만 명, 전 세계인구의 절반 이상이 아시아에 살고 있습니다. 세계에서 가장 적은 사람이 사는 대륙은 바로 남극입니다. 넓은 빙하에 이글루가 떠오르는 남극에는 사람이 살기 쉽지 않은 환경 탓에 약 4,500명 정도의 사람이 살고 있습니다. 그마저도 연구를 위해 거주하는 연구진이 많습니다.

세계에서 가장 많은 사람이 사는 나라는 어디일까요? 바로 14억 명의 사람이 사는 중국입니다. 전 세계 80억 인구의 약 20%, 아시아의 약 30%의 인구가 중국에 사는 셈이니 정말 높은 수치입니다. 2등은 약 17%를 차지하는 인도이며, 3등인 미국은 전 세계인구의 약 4% 정도를 차지합니다. 2등과 3등의 차이가 엄청나죠? 우리나라는 세계에서 29번째로 인구가 많은 국가입니다.

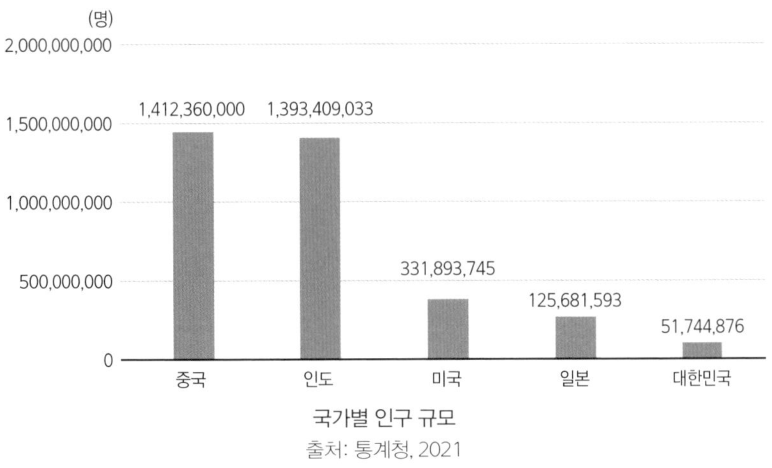

국가별 인구 규모
출처: 통계청, 2021

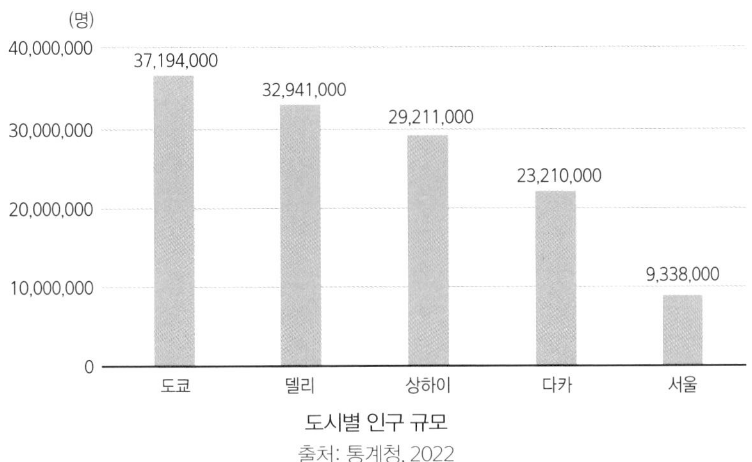

도시별 인구 규모
출처: 통계청, 2022

그렇다면 인구가 많으면 좋은 걸까요? 뒤에서 더 자세히 살펴보겠지만 인구수는 국가경쟁력과 높은 상관관계가 있습니다. 한 나라에 사는 사람의 수가 많으면 물건을 소비하는 양 또한 많아질 것입니다. 물건의 생산자는 많이 팔 수 있어서 좋고, 또 생산 과정에서 필요한 인력도 쉽게 구할 수 있습니다. 그래서 미래에는 출산율이 높아 인구수가 많은 나라가 갈수록 높은 경쟁력을 갖게 될 것이라는 예측도 있습니다.

세계에서 가장 많은 사람이 사는 도시는 어디일까요? 바로 일본의 도쿄입니다. 약 3,700만 명의 사람이 살고 있습니다. 또 인도 델리에는 약 3,200만 명이 산다고 합니다. 각각의 도시에 우리나라 전체 인구의 약 절반이 살고 있네요.

나이가 가장 많은 도시와 적은 도시는 어디일까?

그렇다면 국가별로 어떤 차이가 있을까요? 많은 것들이 있겠지만, 먼저 그중에서도 가장 기본이 되는 국가별 기대 수명에 대해서 알아보도록 하겠습니다. 기대 수명은 출생자가 앞으로 생존할 것으로 기대되는 평균 생존연수를 말합니다.

세계의 기대 수명은 2023년 기준 73.4세입니다. 남자의 기대 수명은 70.8세, 여자의 기대 수명은 76세로 여자의 기대 수명이 더 높습니다. 그중에서도 홍콩 사람들의 기대 수명은 85.8세로, 세계의 기대 수명보다 10세 이상 높습니다. 남자의 기대 수명은 83세, 여자의 기대 수명은 88.7세로 홍콩의 여성들은 대부분 90세까지 산다고 할 수 있네요. 우리나라 여성의 기대 수명은 87.2세, 남성의 기대 수명은 80.8세입니다. 우리나라의 평균 기대 수명은 84세로, 기대 수명이 높은 국가에 속합니다.

기대 수명이 높다는 건 그만큼 국가의 고령화가 진행되었다는 것을 의미합니다. 고령화는 의료 기술의 발달로 사람들의 수명은 늘어나고, 아이를 낳지 않아 젊은 사람들의 비율은 줄어드는 현상을 말합니다.

우리나라는 세계에서 놀라울 정도로 고령화가 빠르게 진행되고 있는 국가입니다. 고령화 사회, 고령 사회가 된 것은 각각 1999년, 2017년입니다. 2025년에는 초고령 사회에 진입할 것으로 예상됩니다. 1960년대에 우리나라의 65세 이상 노인 비율은 약 3%로 매우 낮았지만, 2020년 약 15%로

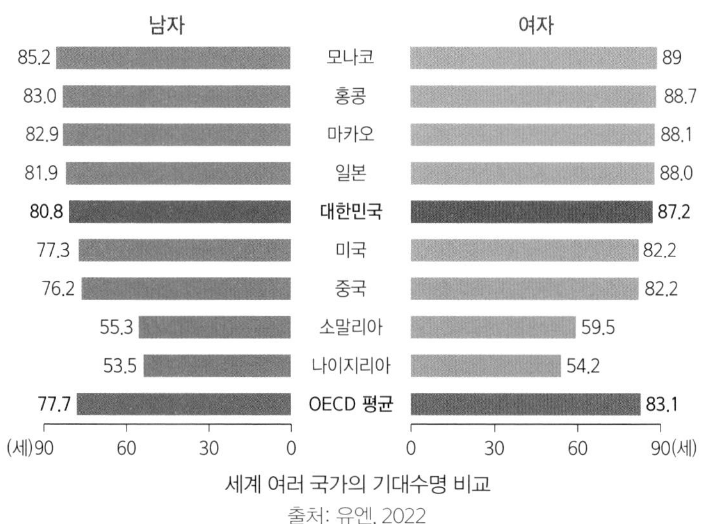

세계 여러 국가의 기대수명 비교

출처: 유엔, 2022

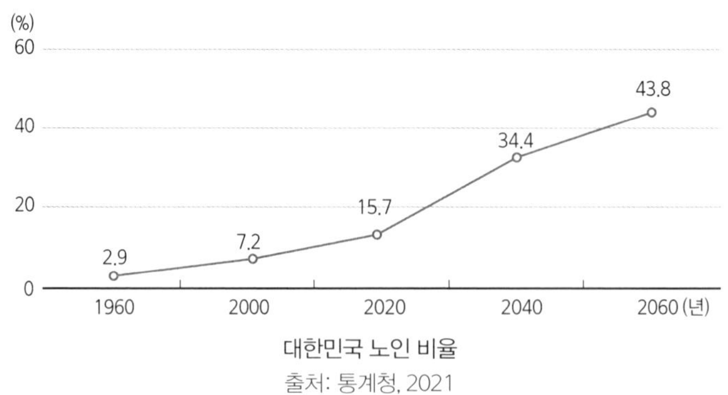

대한민국 노인 비율

출처: 통계청, 2021

tip

고령화 사회, 고령 사회, 초고령 사회

한 국가에 노인의 비율이 높은지, 낮은지는 어떤 기준으로 판단할 수 있을까요? 바로 전체 인구에서 65세 이상인 인구의 비율을 바탕으로 구분합니다. 이 비율이 7%, 14%, 20% 이상일 때 각각 고령화 사회, 고령 사회, 초고령 사회라고 부릅니다.

증가했습니다. 그리고 2067년에는 약 50%의 인구가 노인이 된다고 하니 어마어마한 수치입니다.

국가별로 보면 일본, 이탈리아, 독일은 각각 2005년, 2006년, 2009년에 이미 초고령 사회로 진입했습니다. 그때부터 국가의 노인인구 비율이 20%를 넘어선 거죠.

그렇다면 우리나라에서 가장 평균 연령이 높은 도시와 가장 낮은 도시는 어디일까요? 전라남도에는 노인이, 세종특별자치시에는 젊은 사람이 많이 살고 있습니다. 자세히 살펴보면 전라남도(47.1세), 경상북도(46.3

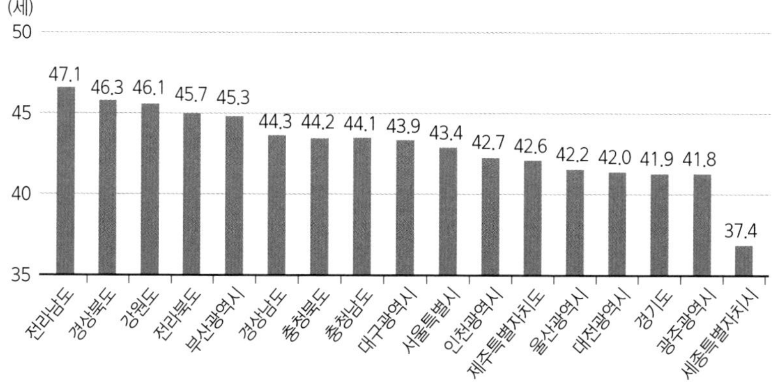

2021년 대한민국 행정구역별 평균 연령

출처: 통계청, 2021

세), 강원도(46.1세)가 각각 평균 연령 1, 2, 3위를 차지했습니다. 세종특별자치시 인구의 평균 연령이 가장 낮습니다(37.4세). 이 외에도 울산광역시, 대전광역시, 광주광역시, 경기도도 평균 연령이 낮은 편(41세)에 속했습니다.

2. 지구는 점점 무거워질까, 가벼워질까?

인구가 많은 도시와 적은 도시에 대해서 알게 된 지은이는 지구에 사는 사람들이 점점 늘어나고 있는지 궁금해졌습니다. 지구에 사는 사람들이 점점 많아진다면 우리가 먹을 음식이 부족해지지는 않을까요? 혹은 지구에 사는 사람들이 점점 줄어든다면, 땅도 더 넓게 쓰고 내 방도 더 커지지 않을까요?

지구에 살고 있는 많은 사람들

먼 옛날로 돌아가 보면, 기원전 7만 년에는 세계에 약 15,000명의 인구가 살고 있었던 것으로 예상됩니다. 사실 19세기 이전 총 인구수를 아는 것은 쉬운 일이 아니며, 추정만 가능합니다. 기원후 1년까지는 전 세계에 약 2억 명의 사람들이 살고 있었고, 1900년대 전 세계인구수는 약 16억 명이었습니다. 약 2000년이라는 시간 동안 14억 명의 인구가 증가한 것이지요. 그런데 그 이후 인구 증가 속도가 빨라졌습니다. 1960년대 인구수는 무려 약 30억 명으로 60년이라는 기간 동안 16억 명의 인구가 증가했습니다. 과거에는 1900년이라는 시간이 걸렸던 일이 60년으로 30배가 단축된 것입니다.

이 시기에 지구에 사는 사람의 수가 증가하고, 그 증가 속도도 빨라졌던

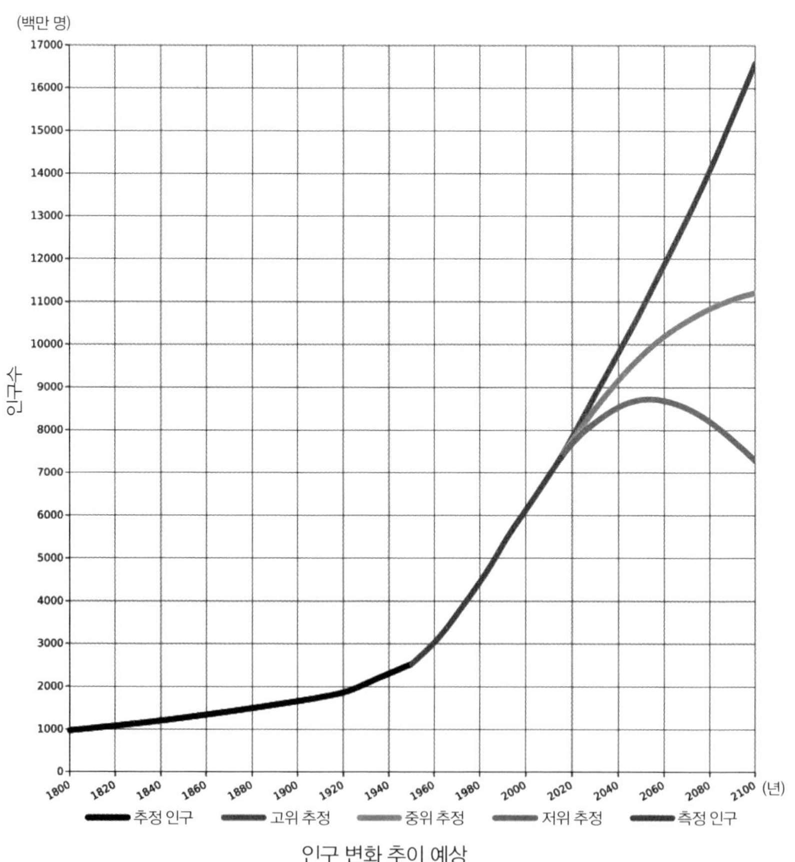

인구 변화 추이 예상

이유는 무엇일까요? 바로 농작물을 키울 수 있는 기술이 발달하고, 산업 혁명이 일어났기 때문입니다. 18세기 후반부터 약 100년 동안 유럽에서 생산 기술이 발전하고 그에 따른 사회 조직에 큰 변화가 생겼습니다. 또 의학이 발달하면서 영아 사망률이 감소하고, 사람들의 수명이 길어지게 되었습니다. 사망하는 아이와 노인이 줄었고, 영양이 부족한 사람의 수가 줄었으니 사람들의 수는 더 늘어났겠죠?

그 이후에도 인구는 꾸준히 증가하고 있습니다. 2000년에는 세계의 인구가 약 60억 명이 되었고, 2010년에는 약 70억 명이 되어 10년 만에 약 10억 명의 인구가 증가했습니다. 그 이후로도 세계의 인구는 매년 1.1%씩 증가하고 있다고 하니 지구는 점점 더 무거워질 것입니다.

인구가 늘어나는 국가와 줄어드는 국가

전 세계 인구는 증가하고 있지만, 최근 인구가 감소하는 나라가 점점 늘어나고 있습니다. 2021년 인구 증가율을 보면 시리아, 니제르, 적도기니와 같은 나라들은 인구가 증가한 반면, 싱가포르, 홍콩, 이탈리아, 일본, 러시아는 인구가 감소했습니다.

조금 더 자세히 살펴보면 2021년 기준 시리아는 연간 인구 증가율이 약 4.3%, 니제르는 약 3.7%, 적도기니는 약 3.2%입니다. 만약 인구가 100명이라고 가정한다면 다음 해 인구 수는 103~104명 정도가 되는 셈입니다. 반면 싱가포르는 약 −4.1%, 크로아티아는 약 -3.7%의 인구 증가율을 보였습니다. 만약 인구가 100명이라고 가정한다면 다음 해에는 96~97명이

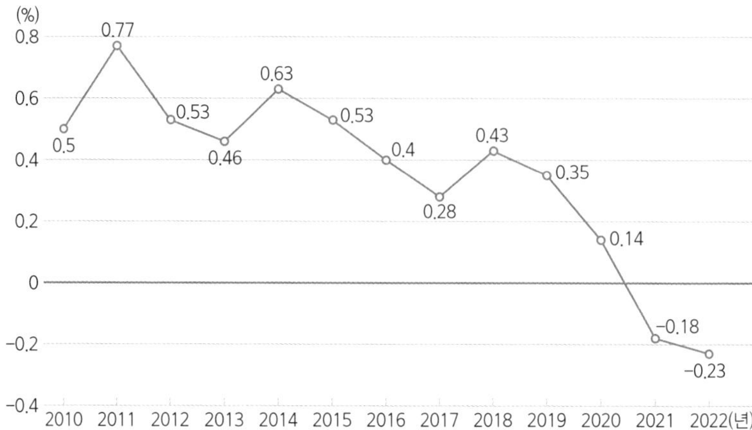

대한민국 인구 성장률

출처: 통계청, 2021

되는 거죠.

우리나라는 2022년 전국적으로 −0.23%의 인구 증가율을 보입니다. 인구 증가율이 마이너스라는 것은 인구가 감소하고 있다는 것을 뜻합니다. 왜 어떤 국가는 인구가 증가하고, 어떤 국가는 인구가 감소할까요?

경제 성장률이 높은 국가에서는 기본적인 의식주뿐만 아니라 개인의 인권, 복지, 삶의 질을 상대적으로 더 중요하게 생각하는 경향이 있습니다. 이러한 관심이 자녀를 많이 낳지 않거나 아예 낳지 않는 것에 대한 선호로 이어지기도 합니다. 한 명의 자녀를 기르기 위해서는 많은 자원이 필요합니다. 자녀를 양육하기 위한 경제적 자원, 시간적 자원 등이 그것이지요. 우리나라를 예로 들면 자녀 양육을 위해 필요한 비용에는 의류, 주거, 식사비뿐만 아니라 학원비 등의 교육비도 많은 비중을 차지합니다. 따라서 이러한 부담 때문에 여러 명의 자녀를 낳기보다는 적은 수의 자녀를 낳거나 혹은 낳지 않는 선택을 하게 되는 것이죠.

1분당 몇 명이 태어나고 몇 명이 죽을까?

2018년 한 해 동안 우리나라에서 태어난 사람의 수는 약 32만 명입니다. 한 달에 약 2만 7천 명 정도가, 하루에는 약 895명의 아이가 새로 태어난 것입니다. 하루는 24시간이니 한 시간에 37명의 아이가 태어났습니다. 결국 1분에 약 0.6명의 아이가 태어난 것이니, 정말 재미있지 않나요? 우리나라 전체 땅에서 2분당 1명의 아이가 태어나고 있다는 사실이 말이에요.

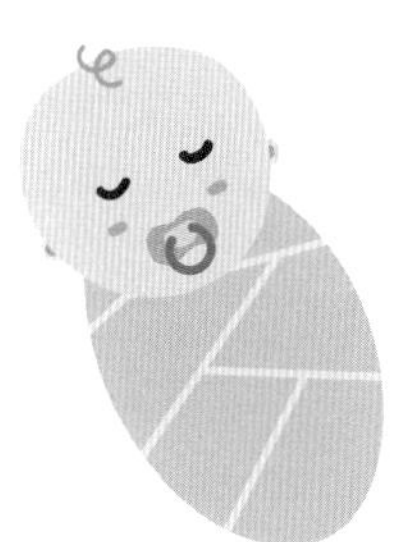

그렇다면 사망자 수는 어떨까요? 통계청에 따르면 2018년 우리나라의 전체 사망자 수는 약 30만 명입니다. 한 달에 약 2만 5천 명, 하루에 약 820명의 사람이 사망했다고 말할 수 있습니다. 결국 1분에 약 0.6명의 사람이 사망한 것입니다.

1분당 0.6명의 아이가 태어나고 또 0.6명의 사람이 사망하니 우리나라의 인구는 성장하지 않고 있다고 할 수 있네요. 하지만 현재 태어나는 사람의 수가 줄어들고 있기 때문에 우리나라의 인구는 꾸준히 감소할 것으로 예상됩니다.

그렇다면 다른 나라는 어떨까요? 2022년 유엔 조사 결과, 미국의 경우 1년에 우리나라의 10배가 넘는 약 370만 명의 아이가 태어났고 한 달 동안 출생한 아이 수가 우리나라에서 1년 동안 출생한 아이 수와 비슷합니다. 1분당 약 7명의 아이가 새로 태어난 셈입니다. 전 세계적으로는 1년 동안 인구가 약 658만 명, 1분당 약 150명의 인구가 증가하고 있습니다.

3. 인구 변화가 뭐예요?

승호의 어머니는 어린이집 교사입니다. 예전에는 어린이가 많아 어린이집 일자리가 정말 많았는데 날이 갈수록 자리가 없다며 속상해하십니다. 장래 희망이 사업가인 승호는 어머니의 말씀을 듣고 인구 변화가 자신의 삶에 많은 영향을 미친다는 것을 느꼈습니다. 그리고 어린이는 줄어들고 노인이 많아지는 미래 사회에 적응해서 위기를 기회로 만들기로 다짐했습니다. 자신이 물건을 판다면 어린이 용품이 아니라 노인을 위한 실버 용품을 만들겠다는 것이죠. 이런 승호의 이야기를 들은 어머니는 대견해하시며 이러한 변화에 관심을 가지게 되셨습니다.

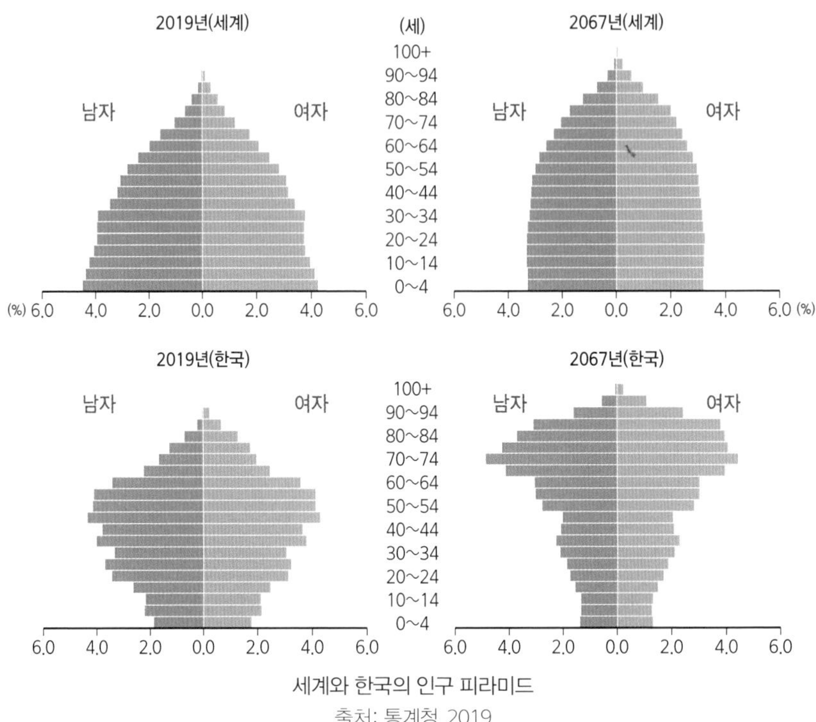

세계와 한국의 인구 피라미드

출처: 통계청, 2019

인구가 많아진다면

그렇다면 인구는 많은 것이 좋을까요, 적은 것이 좋을까요? 두 가지 주장이 모두 존재합니다. 먼저 인구가 많으면 생산자의 측면에서 수익 창출이 쉬워지고, 높은 이윤을 낼 수 있게 됩니다. 예를 들어 운동화를 만드는 생산자가 있다고 합시다. 인구 밀도가 높은 도시에서는 운동화를 살 사람이 많아 더 많은 운동화를 만들게 되고, 더 많은 이익을 얻게 될 것입니다. 반면 인구 밀도가 적은 도시에서는 운동화를 만들어도 살 사람이 많지 않

tip

인구 밀도

인구 밀도란 같은 면적당 얼마나 많은 사람이 살고 있는지를 의미합니다. 명/km^2으로 나타낼 수 있습니다.

아 운동화를 조금만 만들게 되고, 돈도 더 적게 벌게 되겠죠.

소비자 측면에서도 사회의 여러 가지 서비스를 비교적 낮은 비용으로 사용할 수 있습니다. 예를 들어 지방보다 서울에 인구수가 더 많기 때문에 콘서트나 전시회가 더 자주 열리게 됩니다. 따라서 서울에 사는 소비자는 이러한 서비스를 더 쉽게 즐길 수 있습니다. 이 외에도 대중교통과 인터넷 등 여러 가지 인프라가 발달하게 됩니다.

이런 입장에서는 인구가 적으면 문제가 생긴다고 봅니다. 인구가 줄어들면 경제 활동을 할 수 있는 15~64세의 인구를 뜻하는 생산인구의 수 또한 감소합니다. 반면 부양이 필요한 노인인구의 수는 증가하기 때문에 국가 경제에 부정적인 영향을 끼치게 됩니다. 부양비는 늘어나는데 부양비를 부담할 젊은 사람의 숫자가 줄어들기 때문입니다. 국가의 예산이 줄어들고, 투자가 감소하여 국가의 생산력을 감소시키게 되므로 인구는 많아야 좋다는 주장입니다.

인구가 줄어든다면

반면 인구는 적은 것이 좋다고 보는 입장도 있습니다. 이들은 현재를 '비정상적 과포화 상태'라고 표현합니다. 물, 식량, 의료 지원 등이 특정 사람

비정상적 과포화 상태의 지구(예시)

들에게 안정적으로 공급되지 못하는 현실은 문제가 있다는 거죠. 이들은 인구 감소로 부족한 노동력은 인공지능으로 대체하고, 노동자의 수가 아닌 사람들의 두뇌 수준이 한 나라의 수익을 결정하게 될 것이라고 주장합니다.

또한 이 입장에서는 인구수가 적으면 여러 가지 자원 문제가 해결된다고 봅니다. 예를 들어 주거 문제를 해결할 수 있습니다. 주택의 수는 그대로인데 주택에 살려는 사람의 수가 감소하면 자연스럽게 주택의 가격이 하락하기 때문입니다. 식량 자원의 측면에서도 인구 밀도가 낮아지면 그 식량에 대한 경쟁이 낮아지고, 사람들은 음식을 더 풍요롭게 누릴 수 있게 됩니다. 식량의 양이 같다면 인구수가 줄어들수록 한 사람당 먹을 수 있는 식량의 양이 많아지니까요. 이 외에도 아이를 키우는 보육시설 문제, 교통

체증, 주차 공간 부족 등 다양한 문제가 해결될 수 있다고 봅니다. 자원은 한정되어 있는데, 이 자원을 이용하는 사람의 수가 감소하기 때문입니다.

마지막으로 인구가 감소하면 땅과 바다 및 자연의 오염도 감소하게 된다는 예상도 있습니다. 인구가 증가하면서 사용하는 자연 자원이 더 많아지고, 땅과 바다 및 자연을 오염시키기 때문에 인구가 감소하면 환경 오염이 줄어 사람들의 삶의 질이 향상될 수 있다는 것입니다. 이 외에도 인구 감소로 인해 사회적으로 각 개인의 인권에 더 많은 관심을 가지게 되고 사람들의 행복 지수가 높아진다고 보기도 합니다. 사람이 귀하다 보면 그 사람에게 더 좋은 대우를 해 줄 가능성이 높아지기 때문입니다.

이렇듯 인구가 많아지는 것이 좋은지, 줄어드는 것이 좋은지는 관점에 따라 달라질 수 있습니다. 여러분들의 생각은 어떤가요? 다음 이야기에서 인구 변화가 우리에게 미치는 영향에 대해 더 논의를 이어가 봅시다.

인구 변화가 우리 삶에 어떤 영향을 미칠까?

지금까지 논의 내용을 살펴보면 전 세계적으로 인구 증가율이 감소하는 추세에 있는 국가가 많이 존재하며, 우리나라는 합계출산율이 1 이하인 인구가 감소하고 있는 나라에 속합니다.

그렇다면 이러한 인구의 변화가 우리 삶에 어떤 영향을 미치게 될까요? 이러한 변화 속에서 우리는 어떤 생각을 하고 어떻게 행동해야 할까요? 먼저 직업 측면에서 살펴봅시다. 지속적인 출생아 수 감소로 인구가 역피라미드의 구조를 띠게 되면, 어린이를 대상으로 한 직업은 점점 축소되고

tip

합계출산율

여성 1명이 평생 낳을 것으로 예상되는 평균 자녀 수를 말합니다. 일반적으로 15세부터 49세까지의 여성을 대성으로 조사하며, 국가별 출산율의 비교나 한 사회의 인구수 변화 예측을 위한 자료로 사용됩니다.

노인을 대상으로 하는 직업군이 더 다양해질 것입니다.

예를 들어 유치원의 수는 그대로인데 유치원에 들어갈 아동의 수가 감소하면 일부 유치원은 문을 닫게 됩니다. 그렇다면 보육교사와 원장의 일자리가 줄어들게 되는 것이지요. 반면 노인을 대상으로 한 산업과 직업군은 더욱 활성화될 수 있습니다. 실버타운의 수는 적은데 그러한 시설에 들어가려고 하는 노인의 수가 늘어난다면, 당연히 실버타운 산업 및 직업군의 수익이 높아지게 되겠지요? 노인 요양보호사가 부족해지면서 그들을 더 많은 돈을 주고 고용하게 될 것입니다.

또 다른 관점에서 살펴보면 가족당 출생하는 아이 수가 적어 오히려 그 한 아이에게 더 많은 비용을 투자하게 됩니다. 따라서 아동을 대상으로 한 고급 제품과 서비스가 인기를 끌게 될 수도 있습니다. 전반적으로 아동 산업의 활성도가 낮아지거나 산업 구조가 재편되고, 노인 산업의 활성도가 높아지는 경향을 보이게 될 것입니다.

예를 들어 기업의 상품 및 서비스 홍보를 기획하는 마케팅 직무의 종사자라고 해 봅시다. 아동을 대상으로 한 마케팅 종사자보다 노인 대상 마케팅을 잘하는 사람이 더 많이 필요하지 않을까요? 아동을 위한 동화보다는 노인을 대상으로 하는 이야기를 쓰는 소설이 더 많이 팔리게 될 수도 있습니다.

더불어 1인 가구 및 소가족을 위한 산업과 서비스가 더욱 다양하게 생겨날 수 있습니다. 밀키트와 같은 상품도 마찬가지이지요. 쉽게 조리해서 먹을 수 있는 적은 양의 반조리 상품의 인기가 점점 많아지고 있습니다. 1인 가구를 위한 미니 전기밥솥과 가전용품들도 찾는 사람이 증가하면서 더 많이 출시되는 추세입니다.

주택의 측면에서 살펴보면 대가족을 위한 대형 평수의 주택보다는 소가족 및 1인 가구를 위한 소형 주택의 수요가 높아질 것입니다. 따라서 소형 주택이 더 많이 공급될 필요성이 높아지고, 그 가치가 높아질 수 있습니다.

이처럼 인구 구조의 변화로 기존에 존재하지 않았던 상품과 서비스가 새로 생기게 된다면, 그것은 우리에게 또 다른 가능성이 될 수 있지 않을까요? 다른 사람들이 인구 구조의 변화를 알아채지 못할 때, 혹은 알아채

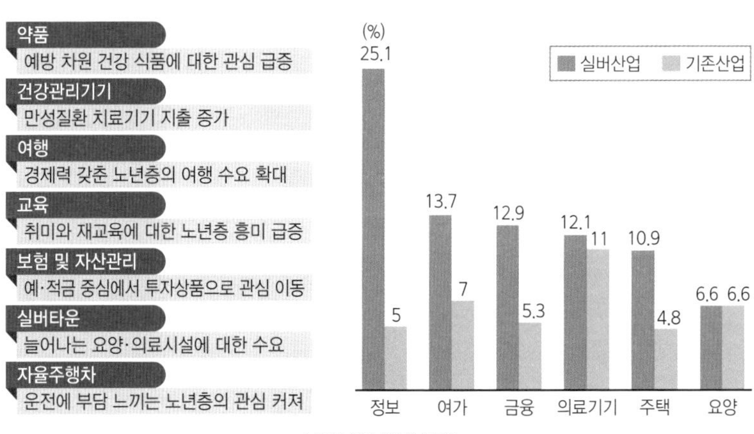

실버산업 유망 분야

출처: 상공회의소

더라도 불평만 하고 있을 때 이를 활용할 산업군과 상품 및 서비스를 찾는 것이죠. 미래를 한발 앞서 예측하고 이에 맞는 상품과 서비스를 제공하는 생산자가 된다면 변화하는 시대에 적응하여 수익을 창출하고 높은 경쟁력을 가질 수 있습니다.

따라서 인구 구조의 변화와 그로 인한 사회의 변화를 바라볼 때, 단순히 나와 관련이 없는 먼 이야기로 생각할 것이 아닙니다. 이것이 나에게 미칠 영향을 중심으로 생각해 보아야 합니다. 또한 이미 나타난 영향뿐 아니라 가까운 미래에 나타날 변화를 예측하고, 상상하고, 이에 대응하여 나의 삶에 적용해야 합니다. 이것이 우리가 인구를 이해하고, 이를 바탕으로 세상을 이해해야 하는 이유입니다.

2교시

가족의 모습

1. 함께할 때 더 아름다운 우리는 가족입니다

가족은 다른 말로 '식구(食口)'라고도 불립니다. 식구는 '밥 식(食)'과 '입 구(口)'가 모여서 만들어진 말입니다. 한 장소에서 입을 모아 함께 밥을 먹는 사람들을 식구라고 부르는 것이죠. 가족은 결국 한곳에서 몸을 부대끼며 살아가면서 음식을 함께 나눠 먹고 일상을 공유하는 사이를 의미합니다. 또한 혼인, 혈연, 입양 등을 통해 만들어지는 사회의 가장 기본적인 단위이기도 하죠.

여러분이 떠올릴 수 있는 가장 특이한 나라를 한번 생각해 볼까요? 아무도 모를 것 같은 왠지 나만 아는 것 같은 그런 숨겨진 나라를 떠올려 봅시다. 놀랍게도 그 나라에도 일상을 공유하는 사람들의 집단인 '가족'이 있습니다. 새로운 장소를 가면 새로운 사람들을 만날 수 있고, 그들의 가족 역시 만날 수 있습니다. 심지어 사람이 거의 살지 않는 오지에도 가족은 존재합니다. 가족 구성원의 역할이나 특징은 우리와 다를 수 있지만요.

더 놀라운 점은 가족의 등장 시기는 인류의 발생 시기와 거의 흡사하다는 것입니다. 즉 가족은 아주 오래전부터 지금까지 존재하는 인류의 가장 기본적인 공동체 단위이며 어떤 사회에서나 만날 수 있는 집단입니다.

우리가 언어를 처음 배울 때를 한번 떠올려 볼까요? 한국어, 영어, 중국어, 프랑스어 등 어떤 언어를 배우더라도 인사말 다음으로 가장 먼저 배우는 단어들은 아마 엄마, 아빠, 할머니, 할아버지, 동생, 형, 언니 등 가족을 지칭하는 용어일 것입니다. 이처럼 모든 국가에는 가족 구성원을 표현하는 자국의 언어가 있습니다.

옛날과 오늘날의 가족의 모습이 다르다고?

여러분은 '가족'이라는 단어를 들으면 가장 먼저 떠오르는 모습이 있나요? '엄마 아빠와 나'의 모습이 떠오르는 사람도 있고, '할머니와 나'가 떠오르기도 하고 '엄마, 동생과 나와 강아지'의 모습이 떠오르기도 합니다. 이처럼 우리가 생각하는 가족의 모습은 각자 다르고 다양할 수밖에 없습니다. 가족은 각자의 상황과 선택에 따라 다채로운 모습을 하고 있기 때문입니다.

가족의 모습은 어떻게 바뀌고 있을까요? 옛날과 오늘날의 가족의 모습은 정말 다를까요? 다르다면 어떻게 다를까요? 먼저 할머니 할아버지가 여러분 나이였을 때 보낸 24시간과 지금 여러분의 24시간을 비교해 봅시다. 지금 여러분이 읽고 있는 책 옆에는 아마 스마트폰이 놓여 있을 것입니다. 혹은 무선 이어폰으로 노래를 들으면서 모르는 단어는 인터넷으로

검색하고 있을지도 모르죠. 친구들과의 대화보다는 SNS 메시지가 더 편하고 야외에서 만나 노는 것보다는 메타버스 속 하루하루가 편한 요즘입니다. 하지만 할머니 할아버지가 여러분 나이였을 때인 1950~1960년대에는 전자기기의 모습은 잘 보이지 않습니다. 그때는 전화기 한 대 없는 집도 많았거든요.

10대들의 쉬는 모습이 변하듯 시간이 지나며 사람들의 삶의 모습이 자연스럽게 바뀌었습니다. 이에 따라 가족의 형태도 자연스럽게 변하기 시작했죠. 예전에는 가족 모습이 동그라미 모양이었다면, 요즘은 세모, 하트, 별, 사각형 등 각기 다른 다양한 모습으로 함께 공존하고 있습니다.

확대 가족과 핵가족

옛날과 오늘날의 가족 모습을 비교하기 전 가족의 대표적인 유형인 확대 가족과 핵가족 두 유형을 알아봅시다. 한번쯤 들어본 적 있는 익숙한 단어죠?

확대 가족과 핵가족은 미국의 문화인류학자 조지 피터 머독이 본인의 책 『사회 구조론』(1947)에서 처음으로 쓰기 시작한 용어입니다. 확대 가족은 부부와 자녀 그리고 조부모가 함께 사는 3세대 가족을 뜻하며, 핵가족은 부부와 그 부부 사이의 자녀로 구성된 2세대 가족을 의미합니다. 즉 엄마 아빠와 함께 사는 학생은 핵가족, 엄마 아빠 그리고 할머니 할아버지와 함께 사는 학생은 확대 가족으로 분류할 수 있겠죠.

핵가족, 확대 가족과 같은 기본적인 가족 유형은 필요에 따라 조금씩 변

확대 가족과 핵가족의 특징

	확대 가족	핵가족
장점	가족의 가풍과 가치관을 전수한다. 예절 교육을 중시한다.	사생활을 존중받을 수 있다. 민주적이고 평등하다
단점	여성의 희생을 강요하는 경향이 있다.	자녀 양육에 어려움을 겪는다.

tip

세대란?

사람이 태어나서 자녀를 낳을 때까지의 시기를 뜻합니다. 사람의 경우 대략 '30년 정도'를 한 세대라고 봅니다. 가족에서 2세대는 부모와 자식, 3세대는 조부모와 부모, 자식 정도로 나눌 수 있습니다.

하기도 합니다. 그렇다면 가장 기본적인 가족 유형이 시대에 발맞춰 어떻게 변화하고 있는지 한번 살펴볼까요?

민정이네 집은 오늘 아침도 정신이 하나도 없습니다. 엄마는 8시, 아빠는 9시에 출근하고 민정이는 8시 30분까지 학교에 가야 하기 때문입니다. 이 와중에 눈은 텔레비전에 고정한 채 아침밥을 먹는 둥 마는 둥 하는 민정이가 영 답답한 엄마는 참지 못하고 텔레비전 전원을 팍 꺼버립니다. 잔뜩 부루퉁해진 민정이는 아침밥을 싱크대에 툭 던져 놓은 채 발을 쿵쾅쿵쾅 구르며 등교 준비를 합니다. 엄마는 머리끝까지 올라오는 화를 겨우 참으며 집을 나서는 민정이에게 신신당부합니다. "민정아, 오늘 태권도 갔다가 할머니 댁으로 가야 해. 알겠지? 엄마 아빠 오늘 둘 다 야근이라 늦어. 또 집에서 혼자 텔레비전 보지 말고 할머니 댁으로 가서 저녁 챙겨 먹어야 돼. 알겠지? 엄마가 회사 끝나고 데리러 갈게."
야호! 민정이는 마음속으로 쾌재를 부릅니다. 할머니표 음식이라면 언제든 환영입니다. 할머니는 민정이가 초등학교에 들어가기 전까지 민정이와 함께 살았습니다. 할머니 할아버지는 위층에 민정이네는 아래층에 함께 산 것이죠. 아빠 엄마 모두 회사 일에 바쁘다 보니 민정이는 할머니랑 보내는 시간이 더 많았습니다. 갑자기 무슨 태권도냐는 엄마의 핀잔에도 민정이 편에 서서 태권도 학원을 다닐 수 있도록 도와준 사람이 바로 할머니이십니다. 지금은 아파트 옆 동으로 이사가셨지만 할머니와 함께하는 시간은 여전히 민정이에게 즐거움으로 가득합니다.

자녀 양육은 희생을 기반으로 하는 사랑의 과정입니다. 아이가 어느 정도 혼자 생활할 수 있을 때까지 엄마와 아빠의 대부분의 시간과 관심을 아이에게 쏟아야 하기 때문이죠. 부모는 아이를 위해 최선을 다하지만 일이 바쁘다 보니 자녀 양육과 커리어 둘 다 잡는 것이 여간 어려운 일이 아닙니다.

머릿속에 이런 고민이 가득한 맞벌이 부부가 늘어나면서 '수정 확대 가족'과 '수정 핵가족'이라는 새로운 형태의 가족이 생겨났습니다. 아이를 사랑으로 키우고 돌보고 싶지만 가게 일, 회사 일 등 해야 할 일이 많다 보니 자녀 양육을 위한 시간적 여유가 없어 상대적으로 시간이 많은 아이의 할머니 할아버지의 도움을 받습니다.

민정이네처럼 할머니 할아버지의 도움을 받아 자녀를 함께 양육하는 가족 형태를 수정 확대 가족이라고 합니다. 각자의 집이 있어서 구성원들은 독립된 상태로 생활의 자율성을 보장받습니다. 다만 공동 양육의 개념이 강해 왕래가 잦은 특징을 가지고 있습니다. 할머니 할아버지의 집과 엄마 아빠, 자녀의 집이 따로 있지만 자주 오가면서 자녀를 키우는 것이죠. 실제로 맞벌이 부부가 증가함에 따라 수정 확대 가족 또한 증가하는 추세입니다.

수정 핵가족은 수정 확대 가족과 달리 한 집에 부모 세대와 자녀 세대가 함께 살지만 분리된 공간에서 생활하는 가족을 의미합니다. 민정이가 초등학교에 들어가기 전 민정이네 가족은 수정 핵가족의 형태를 띱니다. 위, 아래층으로 나뉘거나 안채, 바깥채로 나뉘어 생활하여 각 가족 구성원이 개인 생활을 보장받을 수 있는 또 다른 형태의 가족이죠. 이처럼 가족의 유형도 시대에 발맞춰 사람들의 요구와 선택에 따라 조금씩 조금씩 새로워지고 있습니다.

시대에 따른 가족의 변화

이번에는 시대에 따라 달라진 가족을 이루는 사람(가구원) 수를 살펴보려고 합니다. 여기서 잠깐! 가족을 이루기 위해서는 최소한 몇 명의 사람이 필요할까요? 3명? 4명? 적어도 2명 이상은 필요할 것 같나요?

놀랍게도 가족은 단 한 명, 나 혼자서도 충분히 이룰 수 있습니다. '싱글족'이라는 이름으로 불리기도 하는 1인 가구는 혼자서 가족을 이루는 형태를 의미합니다. 싱글족이 늘어나면서 혼자 사는 사람들을 관찰하는 관찰 예능이 인기를 끌고 있습니다. 이처럼 가족을 이루는 사람 수는 한 명부터 수십 명까지 다양합니다.

이번 시간에는 가구원 수를 통해 대략적인 가족 유형의 흐름을 파악해 보려고 합니다. 물론 가족의 형태를 가구원 수로만 나누는 것은 지나치게 단순한 분류 방법입니다. 3~4명이 모두 부모와 자녀로 이루어져 있더라도 핵가족이라고 결론 내리기 어렵고, 5명 이상이라도 확대 가족이라고 판단하는 것은 무리가 있기 때문입니다. 하지만 가구원 수는 가장 쉽고 간단한 분류 방법 중 하나입니다.

1970~2020년대에 이르기까지의 가족 구성원의 변화를 한번 살펴봅시다. 먼저 2000년대까지는 3~4명으로 이루어진 가구원 수의 비율이 빠른 속도로 증가하고 있습니다. 1970년대 27.8%에서 2000년대에는 52%

1970~2020년 가구 수 및 가구원 수 변화

연도(년)		1970	1980	1990	2000	2010	2020
전체 가구 수		5,576	7,969	11,355	14,312	17,339	20,927
가구원 수 (%)	1명	3.7	4.8	9.0	15.5	23.9	31.7
	2명	9.4	10.5	13.8	19.1	24.3	28.0
	3~4명	27.8	34.8	48.6	52.0	43.8	35.7
	5명 이상	59.1	49.9	28.6	14.4	8.0	4.5
평균 가구원 수(명)		5.2	4.5	3.7	3.1	2.7	2.3

출처: 통계청 인구주택총조사 각 년도

로 급증했습니다. 하지만 2000년대 이후로는 감소하는 추세입니다. 5명 이상으로 이루어진 가구원 수의 비율은 1970년대 59.1%에서 2020년대 4.5%로 급감한 것을 알 수 있습니다.

3~4명을 핵가족, 5명 이상을 확대 가족이라 확신할 수는 없지만 대체적인 흐름을 보았을 때 확대 가족의 수는 줄고 핵가족의 수는 늘어난 것을 확인할 수 있습니다. 이처럼 부모와 결혼하지 않은 자녀만으로 구성된 핵가족의 유형이 늘어나는 현상을 '핵가족화'라고 합니다.

핵가족화로 인해 생긴 가장 큰 변화는 가족 구성원의 세대 수가 줄어든 것입니다. 다시 말해 할머니 할아버지, 나아가 증조할머니 증조할아버지와 함께 살던 대가족 형태에서 부모와 자식이 함께 사는 비교적 단순한 형태로 변화한 것이죠. 세대 수가 줄어들면서 가족 구성원의 독립성, 개인 시간 등이 보장되고 한 사람 한 사람의 의견이 더 중시되는 민주적인 형태의 가족 모습이 발전하게 됩니다.

모든 확대 가족이 민주적이지 못한 것은 아닙니다. 다만 확대 가족은 3

세대 혹은 그 이상이 함께 살아가는 형태이니 가장 나이가 많은 윗세대인 할머니 할아버지의 의견이 가장 중요하고 따라야 할 의견으로 여겨집니다. 모든 가족 구성원의 의견이 반영되기 어려운 형태이죠.

반면 핵가족화는 자녀 교육, 노인 소외 현상 등의 문제를 낳기도 했습니다. 부모가 모두 직장에 다닐 경우, 아이를 기르고 양육하는 시간이 줄어들어 부모와 자녀 사이가 멀어지기 쉽습니다. 또한 일부 노인들은 경제적 곤란 및 질병에 따른 고통이나 외로움 등을 느끼기도 합니다.

왜 가족의 형태가 바뀌고 있을까?

그렇다면 이런 가족 구조의 변화는 왜 일어났을까요? 크게 세 가지 이유를 들 수 있습니다.

첫 번째는 '사회 구조의 변화'입니다. 과거 우리나라는 농촌 기반의 사회였습니다. 농경 사회는 비교적 많은 노동력이 필요합니다. 따라서 농업이 성행했던 시기 사람들은 자녀를 많이 낳고 키웠으며 그들은 함께 어울려 자랐습니다. 그러나 1960년대 이후 대한민국에서는 급격한 산업화가 진행되었습니다.

산업화가 진행되면서 일자리를 찾기 위해 많은 사람들이 도시로 몰리기 시작했습니다. 자녀들은 일자리가 많은 기회의 땅, 도시에서 직장을 구했습니다. 반면 부모님 세대는 아직 농촌에서 농사를 짓는 분들이 많았습니다. 자연스럽게 가족은 함께 살기 어려워졌죠. 일자리를 위한 이동(사회적 이동)이 잦아지면서 보다 축소된 가족 형태에 대한 사람들의 요구가 높아졌습니다.

두 번째는 '가치관의 변화'입니다. 가치관은 사람들이 옳다고 믿는 관점을 의미합니다. 시간이 지나며 누군가와 함께 살아가면서도 각자의 프라이버시를 충분히 존중받고 싶어진 사람들이 늘어났습니다. '개인 생활 보호가 모든 결정을 함께하는 것만큼 중요하다'는 생각이 커진 거죠.

사람들의 생각이 바뀌니 생활 방식도 달라지기 시작했습니다. 과거 우리나라는 윗사람을 공경하고 아랫사람을 배려하며 더불어 살아가는 유교 사상을 중시하는 사회였습니다. 하지만 시대가 변화하면서 서구적인 개인주의적 가치관이 중심이 되어 가족 구조의 형태에까지 영향을 미치게 되었습니다. 자연스럽게 민주적인 가족 관계에 대한 요구가 높아졌죠. 나보다 웃어른의 이야기를 수용해야 하는 확대 가족 형태에 대해 불편함을 느끼는 사람들이 늘어난 것입니다. 따라서 가족을 꾸리고 살아가는 부부가 서로 평등한 관계로서 존중받고 각자의 의견을 전적으로 수용하며 협동하여 살아가는 형태를 원하게 되었습니다.

세 번째는 '여성의 사회 진출로 인한 변화'입니다. 20~30년 전만 해도 여성은 집에서 가족들을 돌보는 '집사람'으로의 역할이 훨씬 강조되었습니다. 가족을 돌보고 정서적인 안정을 제공해야 했죠.

그러나 이제는 '워킹맘'이라는 단어가 무색할 만큼 많은 엄마(맘)들이 일(워킹)을 합니다. 사회에서 능력 있는 여성들이 늘어나면서 가부장적 가족 제도에 대해 거부감을 느끼는 여성들이 많아졌습니다. 가부장적 가족 제도란 남성이 가족의 중심이 되는 모습을 의미합니다. 엄마와 아빠 중 아빠의 말이 곧 가족의 뜻이 되며 엄마는 그런 아빠의 뜻을 받들고 이해하는 존재로 여겨졌습니다. 이런 가부장적 가족 제도는 전통적인 가족 형태인 확대 가족에서 더욱더 자주 드러나는 형태입니다. 그러다 보니 능력 있는 여성들은 이제 집에서 나의 의견을 확실히 제시할 수 있는 핵가족의 형태로 가족을 꾸리는 것을 '선택'하게 되었습니다.

결국 우리가 살아가는 생활 방식이 바뀌면서 자연스럽게 가족의 형태도 변화하고 있습니다. 가족을 만들고 꾸려나가는 사람은 '나'라는 것을 깨닫게 된 사람들이 많아졌습니다. 따라서 나의 선택이 가족의 모습을 결정하며 다른 사람들이 선택한 가족의 모습과 내가 선택한 가족의 모습이 같을 필요가 없다는 것을 알게 되었습니다.

지금까지 우리는 우리나라 가족의 변화와 그 이유를 알아보았습니다. 다음 이야기에서는 가족의 형태를 조금 더 깊이 있게 다루어보도록 하겠습니다. 익숙한 가족도 있고 전혀 익숙하지 않은 가족도 있을 것입니다.

2. 무지갯빛 가족

여러분 혹시 시트콤 〈거침없이 하이킥〉을 알고 있나요? 2006년에 시작해서 2007년까지 방영했던 시트콤입니다. 거의 20년 전이죠. 〈지붕 뚫고 하이킥〉, 〈하이킥, 짧은 다리의 역습〉까지 2개의 속편을 이끌어 낼 만큼 선풍적인 인기를 끈 우리 나라의 대표적인 시트콤입니다.

뜬금없이 시트콤을, 그것도 오래된 시트콤 이야기가 왜 등장한 걸까요? 사실 시트콤은 당시 사회의 솔직한 모습을 살펴보기 아주 좋은 자료입니다. 시트콤은 사람들의 자연스러운 웃음을 이끌어 내는 코믹한 드라마 형식이기에 자연스레 그 사회의 모습을 담아냅니다. 웃음은 공감에서 비롯되기 때문이죠. 따라서 우리는 〈거침없이 하이킥〉을 통해 2000~2010년대의 대한민국의 모습을 엿볼 수 있습니다.

〈거침없이 하이킥〉의 내용을 간략하게 살펴보면서 20년 전 한국 사회의 '다채로운 가족'의 모습을 살펴볼까 합니다. 먼저 〈거침없이 하이킥〉에는 이순재, 나문희, 박해미, 이준하, 이민호, 이윤호, 이민용, 신지, 서민정 등이 등장인물로 나옵니다.

민호, 윤호는 쌍둥이 형제입니다. 민호와 윤호는 부모님(박해미, 이준하), 할아버지 할머니(이순재, 나문희), 삼촌(이민용)과 함께 삽니다. 이순재 할아버지와 나문희 할머니는 엄격하지만 사랑스러운 조부모님입니다. 민호, 윤호 엄마 역할의 박해미는 이순재 할아버지와 함께 한의원을 운영하는 한의사입니다. 능력 있는 한의사이자 워킹맘으로 쌍둥이 형제 가족의 실질적인 가장입니다. 삼촌(이민용)은 이혼한 후 아들을 한 명 키우고 있습니다. 삼촌이 홀로 아이를 키우기로 했지만 일이 바쁘다 보니 할머니(나문희)가 주로 육아를 도와주십니다. 〈거침없이 하이킥〉 속에서는 톡톡 튀는 개성의 사람들이 세대를 어우르며 함께 살아가는 확대 가족의 모습을 엿볼 수 있습니다.

그렇다면 현재 대한민국의 가족은 어떻게 바뀌었을까요? 지금부터는 대한민국 현대 사회의 다양한 가족을 하나씩 살펴볼까 합니다. 여러분 주변 가족의 모습을 하나씩 떠올리면서 읽는다면 더 이해가 잘 될지도 모르겠네요.

혼자 자알 삽니다: 1인 가구

민영이 엄마는 오늘도 하나뿐인 여동생과 전쟁 중입니다. 엄마의 목소리는 잘 들리지 않지만 수화기 너머 이모의 한숨은 민영이의 귀까지 들리는 것 같습니다. 엄마와 이모는 둘도 없는 사이지만 이만큼 언성이 높아진 이유는 단 하나뿐입니다. 바로 이모의 결혼이죠. 40대인 민영이의 이모는 아직 결혼하지 않았습니다. 민영이에게 이모는 가장 든든한 지원군이자 조력자이기에 이모를 다른 사람에게 뺏기고 싶지 않건만, 야속하게도 엄마는 민영이의 마음도 이모의 마음도 몰라줍니다.

민영이의 이모는 자신의 일을 누구보다 사랑하고 자신의 일을 할 때 가장 빛납니다. 얼마 전 엄마와 함께 찾아간 이모의 직장에서 민영이는 사람들을 진두지휘하는 이모의 색다른 모습에 깜짝 놀랐습니다. 왠지 말 걸기 미안할 정도로 멋진 이모의 모습에 민영이는 엄마에게 귓속말로 "엄마 이모 진짜 멋있다. 나랑 놀아줄 때의 그 이모가 아냐."라고 속삭였답니다. 밝게 웃으며 반짝반짝 빛나는 이모의 모습을 엄마 역시 놀라 동그랗게 커진 눈으로 바라보았죠.

그럼에도 엄마는 오늘도 이모에게 애정 섞인 잔소리를 합니다. 잔소리를 같이 듣던 민영이는 엄마에게 큰 목소리로 말합니다. "엄마, 혼자 사는 게 어때서!"라고요.

tip

정확한 가구 수를 어떻게 파악하지?

가구는 실제로 한 집에 살고 있는 사람들을 부르는 말로, 가족과 다른 뜻을 가지고 있습니다. '가구'에는 가족 외에 다른 사람이 포함될 수 있습니다. 통계청에서는 5년마다 한 번씩 가구 수를 총 집계하여 조사하는데, 이를 '인구주택총조사'라고 부릅니다. 인구주택총조사는 인구가 어떻게 변화하는지 알아보고 그 원인을 찾고 해결 방안을 마련하는 데 활용됩니다. 예를 들어 우리나라 출산율이 급감했다면 왜 그런지 이유를 찾아보고 정부 차원에서의 대책을 마련하는 것이죠.

1인 가구는 글자 그대로 '혼자 생활하는 가족'을 의미합니다. 가족의 구성원으로 '나' 한 명을 두는 것이죠. 이때 1인 가족이 아닌 1인 가구라고 부르는 이유는 '가족'이 전통적으로는 혼인, 혈연, 입양 등을 통해 만들어진 공동체를 의미하기 때문입니다. 다른 말로 '싱글(single)족'이라고도 불리는 1인 가구는 누군가와 생활을 공유하지 않고 독립적으로 사는 사람을 의미합니다. 민영이의 이모처럼 말이죠.

1인 가구는 결혼하지 않은 독신남녀만을 칭하는 용어인 것 같지만 모두 그런 것은 아닙니다. 이혼 후 사별한 사람, 혼자 남은 노인 등 가족 구성원이 1인인 모든 가족을 폭넓게 지칭하는 용어입니다.

이런 1인 가구는 현재 매우 빠르게 증가하는 추세입니다. 2000년대에는 전체 가구에서 15.5%의 비중을 차지했습니다. 독신남녀, 이혼 후 사별한 사람, 혼자 남은 노인 등의 다양한 사람들을 미루어 짐작해 보았을 때 전체 100명 중 15명 정도면 '음, 그래. 이 정도의 사람들이 혼사 살긴 하겠다.' 하고 고개가 끄덕여집니다.

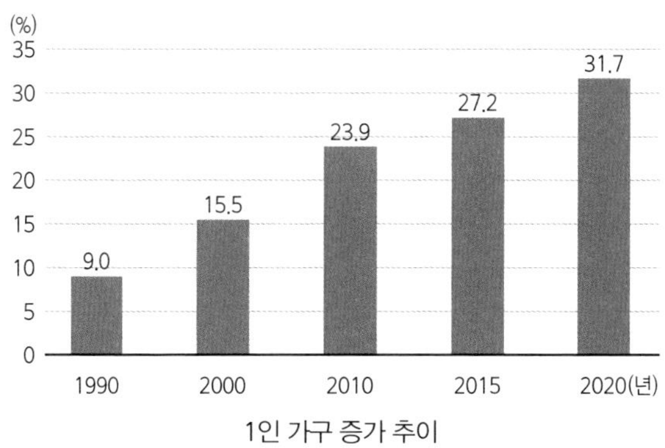

1인 가구 증가 추이

출처: 통계청 인구주택총조사 각 년도

그렇다면 다시 한번 그래프를 볼까요? 놀랍게도 1인 가구는 무서울 만큼 빠르게 증가하고 있습니다. 2010년에는 100명 중 24명꼴, 2015년에는 대략 27명꼴로 전체 가구 중 1인 가구가 차지하는 비중이 꽤 늘어났습니다. 약 3명 중에 1명은 혼자 사는 셈이죠. 통계청은 2045년 1인 가구의 비중이 30%를 넘어설 것으로 예상했습니다. 그러나 실제로는 이미 2020년 31.7%를 기록했습니다. 이 속도라면 여러분이 어른이 될 때쯤이면 대한민국의 거의 절반이 1인 가구가 될지도 모릅니다.

이와 같은 1인 가구의 무서운 성장세는 우리나라에만 해당되는 일은 아닙니다. 유럽연합(EU) 28개 회원국에서도 1인 가구 비율이 2010년 31%에서 2019년 30.2%로 증가하는 양상을 보이고 있습니다. 심지어 유럽 중 스웨덴은 이미 50%를 육박하였습니다. 그렇다면 왜 이렇게 많은 사람들이 '혼자' 살게 되는 것일까요?

1인 가구 증가의 원인은 다양합니다. 청년층의 경우 비혼율의 증가, 중장년층의 경우 이혼, 노년층의 경우 사별이 주된 원인입니다. 이번 시간에는 청년층의 비혼율 증가에 대해 보다 자세히 알아보려고 합니다. 비혼은 '아닐 비(非)', '혼인할 혼(婚)'이라는 한자로 이루어진 단어입니다. 즉 '결혼을 하지 않는다'는 뜻이죠. 과거에는 결혼을 필수로 여기고 결혼을 하지 않으면 사회적으로 이상한 시선을 받기도 했습니다. 하지만 더 이상 결혼은 필수가 아니며 결혼을 하지 않는 비혼주의자들이 늘어나고 있습니다.

또 완전히 결혼을 하지 않겠다는 비혼주의는 아니어도 결혼 시기를 늦추고자 하는 사람들이 늘어났습니다. 아직 결혼에 필요한 사회적인 조건들을 갖추지 못했다고 생각하기 때문이죠. 결혼을 포기한 것이 아니라 안

tip

딩크족

딩크족은 'Double Income, No Kids(DINK)'의 앞 글자를 줄인 말로, 결혼을 하고 살아가는 부부이지만 아이를 갖지 않고 결혼 생활을 유지하는 부부 사이를 의미합니다. 양육에 대한 경제적 부담이 높고 아이를 키우는 것보다 상대적으로 직장 생활에서의 안전성을 추구하는 가치관을 가진 부부에게서 자주 볼 수 있는 삶의 한 형태입니다.

정적인 직업, 거주할 집과 같은 사회적인 조건에 벽을 느껴 자발적인 선택으로 결혼을 하지 않는 사람들이 많아지고 있습니다. 같은 이유로 결혼을 하더라도 아이는 낳지 않는 '딩크족'도 기하급수적으로 증가하고 있는 추세입니다.

이뿐만 아니라 시장은 증가하는 1인 가구를 위해 발 빠르게 움직이고 있습니다. 사람들이 살아가는 데 필요한 의식주가 1인 가구를 위해 변화하고 있는 겁니다. 간단한 옷 쇼핑은 이제 인터넷으로 다 가능합니다. 굳이 누군가와 함께 쇼핑을 하며 나와 어울리는지 아닌지 묻지 않아도 나의 체형, 얼굴형을 가진 아바타에 옷을 입혀 보고 비교할 수 있죠.

음식은 또 어떤가요? 1인 가구는 음식을 만든 후 나오는 음식물 쓰레기의 처리가 영 곤란합니다. 이런 싱글족의 니즈(needs)를 파악한 시장에서는 '밀키트(meal-kit)'라 불리는 반조리 식품을 적극적으로 홍보합니다. 대부분 다 만들어진 음식을 진공 포장한 형태인 밀키트는 포장을 뜯어 데우는 식의 조리 정도면 충분합니다. 나아가 1인 가구를 위해 배달되는 도시락 서비스 역시 늘어나고 있습니다.

1인 가구의 경우 반려동물과 함께 사는 경우가 많습니다. 반려동물은 이제 단순히 함께 사는 동물이 아닌 마음을 나누고 생사고락을 함께하는 가족 구성원입니다. 그런 1인 가구에게 가장 큰 걱정거리 중 하나는 자신이 없는 동안의 반려동물의 생활입니다. 놀랍게도 요즘은 이런 걱정을 덜어 주는 '반려동물 케어 서비스'가 존재합니다. 반려견을 산책시켜 주거나 간식을 챙겨 주는 등의 애견 유치원 서비스는 혼자 사는 사람들에게 큰 사랑을 받고 있습니다.

과거에는 혼자서 의식주를 모두 해결한다는 것은 사실상 불가능에 가까웠습니다. 그러다 보니 누군가와 함께 사는 것은 선택이 아닌 필수였습니다. 그러나 이제는 자신의 일을 하면서도 질 높은 의식주를 해결할 수 있습니다. 민영이네 이모처럼 혼자서도 '자알' 살 수 있게 된 것이죠.

물론 모든 1인 가구가 민영이네 이모처럼 당당하게 잘 사는 것은 아닙니다. 스스로 1인 가구가 되기를 선택한 사람도 있지만 누군가와 함께 살고 싶어도 상황이 여의치 않아 혼자 살게 된 사람들도 있기 때문이죠. 혼자 남아 있다는 외로움이 심각한 경우 우울증으로 발현되거나 고독사로 이어질 수도 있습니다.

민영이 이모에게는 민영이처럼 귀여운 조카가 있습니다. 민영이 이모가 그 누구보다 사랑하는 강아지도 함께 합니다. 스스로 선택한 삶이지만 민영이 이모도 혼자 있을 때 가끔씩은 외롭습니다. 그럼에도 불구하고 민영이 이모는 스스로 선택한 삶을 후회하기보다는 마지막까지 후회 없이 즐기기로 결정했습니다. 민영이의 엄마도 소중한 여동생이 선택한 삶을 진심으로 존중해 줄 수 있을까요?

마음으로 낳다: 입양 가족

건우에게

사랑하는 건우야, 오늘은 아빠와 엄마가 너에게 꼭 해 주고 싶은 이야기가 있어 이렇게 펜을 잡게 되는구나. 갑자기 웬 안 쓰던 편지인가 싶어 당황스럽지? 네가 초등학교 5학년 때였나, 학교에서 가족 중 한 사람의 편지를 받아오는 숙제가 있다며 편지를 당장 써내라는 너의 협박 아닌 협박에 와다다 쓴 이후 오늘이 두 번째이지 않을까 싶다.

사랑하는 건우야, 너를 처음 만난 건 15년 전 겨울이었어. 엄마랑 아빠는 너를 처음 보는 순간 '아 이 아이가 내 아이구나' 하는 그런 운명 같은 사랑을 느꼈단다. 어렴풋이 건우도 느꼈던 걸까, 울지도 않고 엄마 품에 안겨 새근새근 잠을 자는 너에게 말로 표현할 수 없는 끝없는 사랑을 느꼈어. 건우야 눈에 넣어도 아프지 않을 내 아들아, 우리는 너를 마음으로 낳았단다.

건우야, 남과 남이 살을 부대끼며 함께 살면서 때론 싸우기도, 울기도 하고 또 어떤 때는 속없이 웃기만 하면서 쌓이는 시간이 가족을 만드는 게 아닐까 싶어. 엄마와 아빠도 20년 전에는 서로 모르는 사이였던 것처럼, 또 15년 전 겨울 우리 건우를 처음 만났던 그 순간처럼 우리는 남이었지만 이제는 시간과 노력과 추억이 쌓여 멋진 가족이 되었잖니.

시험 문제가 생각보다 잘 안 풀려 오늘 시험은 대차게 망했다며 헤헤 웃는 너의 모습이 엄마의 어릴 적 모습과 어쩜 그리 똑같던지. 피식 웃음이 나더라. 미간을 잔뜩 찌푸리며 자는 모습이 아빠와 똑 닮은 우리 건우야,

시험은 못 봐도 좋단다. 모든 사람이 다 공부를 잘할 수는 없는 것처럼 우리 가족도 다른 가족과 시작이 조금 달랐을 뿐이라고 생각해 줄래?

—너에게 끝없는 사랑을 느끼며 엄마 아빠가

내 배 아파 낳지는 않았지만, 마음으로 낳은 눈에 넣어도 아프지 않을 내 아이예요. 요즘은 얼굴도 점점 닮아 가고 있다는 것이 느껴져서 신기할 따름이에요.

—공개 입양으로 아이를 입양한 연예인 가족 인터뷰 중

"마음으로 낳았어요."라는 말을 들어본 적이 있나요? 마음으로 낳았다는 것은 '실제로 10달 동안 품고 낳은 피가 섞인 사이는 아니지만 진심으로 사랑하여 나의 가족이 되었다'는 의미입니다. 이처럼 혈연이 아닌 법적·사회적 과정을 통해 구성된 가족을 '입양 가족'이라고 합니다. 입양은 보호자가 필요한 아동에게 가정이라는 울타리를 지어 주는 과정으로 아이가 올바르게 자랄 수 있도록 사회적·경제적 책임을 다하는 것을 의미합니다.

입양 가족은 부부의 '선택'을 통해서 구성되는 가족입니다. 이때 부부간의 충분한 고민과 결정이 함께해야 합니다. 입양은 한 아이와 평생 함께하는 과정이기 때문입니다. 또한 단순히 부부가 원한다는 마음만으로 입양이 가능한 것은 아닙니다. 한 아이를 완전히 책임질 수 있는지 여부를 파악하기 위해서 입양 전문기관에서 확인하는 부모 조건과 절차는 매우 까다롭고 복잡합니다. 건우의 부모님 역시 입양 전문기관에서 모든 조건을 통과한 후 건우를 만나게 되었습니다.

입양은 법적으로 이야기하면 친부모의 법적 책임을 입양 부모로 모두 옮기는 과정입니다. 당연히 입양 아동은 친자식이 갖는 것과 동일한 법적 권리를 갖게 됩니다. 사회적으로도, 법적으로도 완전한 하나의 가족이 되는 과정이죠. 그러다 보니 입양기관에서는 한 아이를 완전하게 책임질 수 있는 양육자를 요구하고, 까다롭게 자격 조건을 확인하여 명확한 기준을 제시합니다.

그렇다면 먼저 입양에 대한 세계의 기준을 살펴볼까요? 104개의 나라가 가입한 '헤이그 국제아동입양협약'은 1993년 열린 헤이그 국제 사법 회의에서 맺은 나라 간의 약속입니다. 헤이그 국제아동입양협약은 입양 아동의 인권을 보호하고 입양이 악용되는 사례를 철저히 방지하기 위한 약속입니다. 협약 제5조에서는 아이를 입양할 수 있는 능력이 충분한 사람만이 입양이 가능하며 입양 조건은 각 국가가 스스로 정해야 한다고 규정하고 있습니다. 명확한 지침은 없지만 '충분한' 능력이 필요하다는 내용이 우리가 눈여겨보아야 할 부분입니다.

다시 우리나라로 돌아와서 우리나라의 입양 부모의 조건을 간단히 살펴볼까요? 현재 우리나라 여러 입양기관 중 한 곳에서 선정한 입양 부모의 조건은 다음과 같습니다.

- 입양 아동을 부양하기에 충분한 재산이 있을 것.
- 입양 아동에 대하여 종교의 자유를 인정하고 충분한 양육과 교육을 할 수 있을 것.
- 아이의 부모가 될 사람이 아동학대, 가정폭력, 성폭력, 마약 등 범죄나 알코올 같은 약물 중독의 경력이 없을 것.
- 25세 이상으로 입양 아동과 새로운 부모 사이의 나이 차이가 60세 이내일 것.
- 그 밖에 입양 아동의 복지를 위하여 보건복지부령으로 정하는 필요 요건을 갖출 것.

출처: 홀트아동복지회

이와 같이 입양 부모의 조건이 중요한 이유는 입양을 악용하는 사례가 많기 때문입니다. 아이를 사랑으로 입양하여 양육하는 입양 가족이 훨씬 많지만, 간혹 그렇지 않은 사람들도 있습니다. 최근 아이를 입양한 한 가족이 지속적으로 아이를 학대했고 이로 인해 한 아이가 사망해 여러 사람을 분노하게 만든 사례가 있었습니다. 한 생명을 책임지는 것의 위대함과 고단함을 충분히 고려하지 않는 사람들에게 아이의 삶을 맡겨서는 안 되기 때문에 입양 절차는 까다로울 수밖에 없고, 그래야만 합니다.

태어난 모든 아이에게는 보호자가 필요합니다. 어린아이는 어른의 도움없이 혼자서는 자라기 어렵기 때문이죠. 사고, 학대 등 어떤 특정한 이유로 친부모의 보살핌을 받지 못하는 아이들이 생겨나기도 합니다. 이는 대한민국에서만 일어나는 특별한 사회 현상이 아니라 어느 나라에서나 매한가지입니다. 원하지 않는 시기에 아이를 낳게 된 부모의 경우 재정적인 지원이나 심리적인 불안정함으로 아이를 키우지 않는 선택을 하기도 합니다.

다음에 나올 그래프는 19세 이상을 대상으로 입양에 대한 인식을 조사한 자료입니다. 즉 성인들에게 대해 어떻게 생각하는지 물어본 것이죠. 파란색과 빨간색 막대는 각각 '자녀 유무와 상관없이 여건이 허락되면 입양을 하고 싶다'와 '자녀를 원하지만 출산이 어려운 경우 적극 고려해 보겠다'를 나타내는 그래프로, 입양에 대해 긍정적인 인식을 나타내는 항목입니다. 반면 회색과 노란색 막대는 각각 '입양을 하고 싶은 생각은 없다'와 '잘 모르겠다'로 입양에 대한 부정적인 인식 혹은 무관심한 경우를 나타내는 항목입니다.

2014년 가장 높은 비율을 차지하는 그래프의 항목은 '입양을 하고 싶은 생각은 없다'이며 두 번째로 높은 비율을 차지하는 그래프는 '잘 모르겠다'로, 모두 입양에 대한 부정적인 인식 혹은 무관심한 태도를 가지고 있다는 것을 알 수 있습니다. 2016년에도 입양하고 싶은 생각이 없다는 사람의 비율은 다소 높아졌습니다.

'내 핏줄, 우리 핏줄'에 대한 애착이 강해서일까요? 이러한 사회적 인식으로 안타깝게도 대한민국은 꽤 오랫동안 '아동 수출국'이라는 불명예를 안게 되었습니다. 아동 수출국이란 글자 그대로 우리나라 아동을 해외

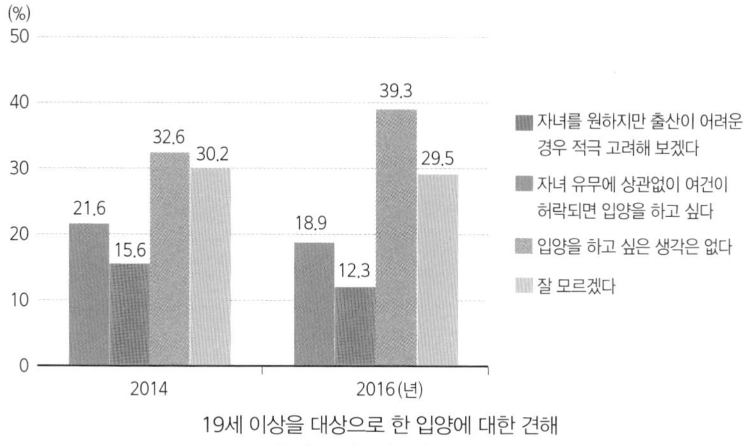

19세 이상을 대상으로 한 입양에 대한 견해

출처: 국가통계포털, 2016

로 입양 보내는 것을 자조적으로 나타내는 표현입니다. 국내에서 입양이 이루어지지 않다 보니 해외로 입양을 보내는 비율이 매우 높아지고 있습니다.

국내외 입양 현황 통계 자료에 따르면 2011년부터 2020년에 이르기까지 상당수의 아동이 해외로 입양되고 있는 것을 알 수 있습니다. 특히 최근 현황인 2020년에는 492명 중 232명의 아이, 즉 거의 2명 중 1명꼴로 해외 입양이 이루어지고 있습니다.

그렇다면 아동의 해외 입양에서 고려해야 할 점은 무엇일까요? 먼저 국제 사회의 협약을 함께 살펴보겠습니다. 아동 입양과 관련된 헤이그 협약의 주된 내용은 아이가 최상으로 행복하기 위해서는 원래의 가정 내에서 성장하고 양육되어야 한다는 것입니다.

하지만 불가피하게 원래의 가정에 양육하기 어려운 경우 가능한 국내 입양을 목표로 해야 하며, 그래도 없으면 국제 입양을 추진하는 순서여야

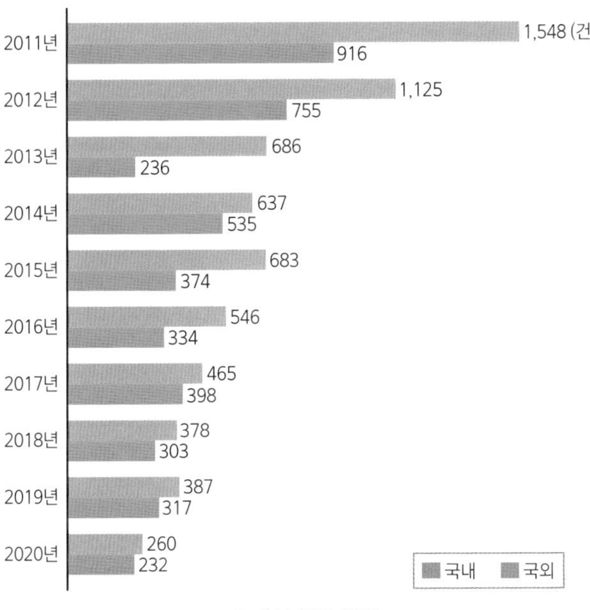

국내외 입양 현황

출처: KOSIS 보건복지부, 2021

합니다. 다시 말해 아동의 최선의 이익을 보장하기 위해 아동이 국내에서 자랄 수 있도록 나라와 입양기관에서 최대한의 노력을 기울여야 한다는 의미입니다.

대한민국은 2013년 입양 아동 안전 및 권익 보호를 위해 헤이그 국제아동입양협약에 서명했습니다. 다만 아직 서명의 다음 단계인 비준을 받지 못했습니다. 비준이란 다른 나라에서도 우리나라의 가입을 환영하고 동의한 후 대한민국 역시 가입국으로서 법적 효력을 발휘할 수 있는 절차입니다. 안타깝게도 우리나라는 국제 사회로부터 아직 아동의 보호를 최우선하는 사회적 제도가 마련되지 않은 것으로 판단되어 서명 단계에 머물러 있습니다.

전문가들은 아동의 행복은 결국 자신이 태어난 부모 밑에서 길러질 때 가장 극대화된다는 전제를 바탕으로 이야기하고 있습니다. 따라서 우리나라 역시 각 가정이 아이를 지킬 수 있도록 사회적인 제도를 더 마련해야 한다는 것이죠. 미혼모(부)가 사회적 시선, 경제적 어려움 등의 현실적인 이유에 등 떠밀려 어쩔 수 없이 아이를 포기하는 결론이 아닌, 아이를 낳아 기르고 싶다면 최대한 기를 수 있게 국가 제도적 차원에서 도움을 주어야 합니다.

아이를 양육하는 것은 가장 보람찬 일이자 가장 어려운 일 중 하나입니다. 따라서 입양 건수를 늘리는 것에 집중하기보다는 아이를 진정으로 사랑하고 보호하고자 하는 보호자를 찾아 아이의 삶에 튼튼한 울타리를 만들어 주는 것이 중요합니다. 또 무겁고 큰 편견 속에서도 씩씩하게 사랑으로 아이를 키우고 있는 입양 가족에게 조금은 너그러운 시선이 함께하기를, 때로는 싸우고 때로는 혼나고 또 때로는 웃다 지쳐 잠드는 다른 여느 가족과 같은 하루하루가 함께하기를 바라봅니다.

둘이서도 행복해요: 한부모 가족

초등학교 4학년생인 민하는 여름방학만 되면 신이 납니다. 학교에서는 쉬지 못했던 만큼 마음껏 쉴 수 있기 때문이죠. 학교에서는 잠깐 엎드려도 선생님의 따가운 눈초리가 날아오는데 집에서는 그럴 걱정이 없습니다. 오늘도 늘어지게 늦잠을 자고 있는데 전화 벨소리가 영 시끄럽습니다. 짜증이 잔뜩 난 채로 전화를 받으니 전화의 주인공은 아빠입니다. 아빠의 전화에 시계를 보니 앗, 벌써 영어 학원에 30분이나 지각입니다. 알람이 분명 울렸을 텐데 잠결에 그냥 껐나 봅니다. 호랑이 같은 영어 학원 선생님의 얼굴을 떠올리니 벌써 민하의 얼굴에 먹구름이 드리웁니다.

아빠는 민하와 함께 행복하게 살기 위해 열심히 일을 하십니다. 그러다 보니 민하를 집에서 흔들어 깨우는 대신 애정 섞인 전화를 택하신 거죠. 그럼에도 학원에 이미 늦어버린 민하는 울상입니다. 혼자 집에 있다 보니 학원 스케줄에 맞춰 일어나 학원을 가는 것이 여간 어려운 일이 아니거든요.

휴, 다행히 민하만 영어 학원에 지각하지는 않은 것 같습니다. 민하의 오랜 단짝 형원이도 오늘은 지각이네요. 형원이네 부모님은 맞벌이를 하십니다. 두 분 다 바쁘시다 보니 민하네 아빠처럼 형원이도 형원이 엄마가 전화로 학원 스케줄을 알려주시죠. 오늘은 늦었지만 내일은 지각 없이 학원에 잘 도착할 수 있겠죠?

어떤가요? 민하의 여름방학, 여러분의 여름방학 모습과 비슷한가요? 학원 스케줄도 잊은 채 늦잠을 자는 모습이 왠지 공감되지 않나요? 사실 민하의 아빠는 미혼부로 민하는 '한부모 가족'의 자녀입니다.

한부모 가족은 글자 그대로 한 명의 부모와 자녀로 이루어진 가족을 의미합니다. 어떤 경우에 부모 중 한 명만 자녀를 양육하게 되는 걸까요? 일단 가장 쉽게 떠올릴 수 있는 것은 이혼입니다. 이혼을 통해 부모 중 한쪽이 양육권을 갖게 되고 양육권을 가진 쪽이 아이를 홀로 키우게 되는 것이죠. 이혼 가족은 부부가 함께하기보다는 서로 떨어지는 편이 각자의 삶에서 더 나을 것이라고 판단한 가족의 형태입니다. "요즘 세상에 이혼은 흠도 아니다."라는 어른들의 말씀처럼 한부모 가족은 이제 우리 주변에서 쉽게 볼 수 있는 가족의 형태 중 하나입니다. 또 부모 중 한 명이 불의의 사고를 당하거나 연락 두절 등의 이유로 혼자서 아이를 양육하게 되는 경우도 있습니다.

미혼모, 미혼부의 경우도 한부모 가족이 될 수 있습니다. 미혼모 혹은 미혼부는 결혼을 하지 않은 상태로 아이를 낳고 기르는 사람을 말합니다. 실제로 혼외 출산에 대한 부정적인 인식과 금전적인 어려움 등의 이유 때문에 부모는 아이를 키우지 못하고 입양을 보내기도 합니다.

한부모 가족은 한 사람이 아빠와 엄마의 역할을 모두 하게 됩니다. 물론 이혼의 경우 부부의 이혼과 관계없이 자녀를 공동으로 양육하는 경우도 많습니다. 다만 부부가 함께 사는 것이 아니기 때문에 아이와 함께 사는 사람의 역할이 비교적 커지게 됩니다.

민하네 가족은 아빠가 민하와 함께 살고 주도적으로 민하를 키우시다 보니 자녀 양육에 대한 아빠의 부담이 높은 것은 사실입니다. 열심히 일을 하다가도 민하 학원 스케줄에 맞춰 전화를 해야 하는 작은 일부터 민하를 올바르게 기르기 위한 심리적, 경제적인 지원까지 부담이 큽니다. 방학이 아닐 때는 그나마 학교에서 오랜 시간을 보내니 민하의 안전에 대한 걱정은 덜 수 있습니다. 하지만 방학이 되고 나서는 민하가 혹시 아픈데 바빠서 눈치채지 못하는 것은 아닐까, 시간 맞춰서 학원은 갈까, 밥은 잘 챙겨 먹을까, 걱정이 이만저만이 아닙니다.

사실 민하는 9살이 될 때까지 학교를 다니지 못했습니다. 민하는 9살이 될 때까지 대한민국에서 법적으로 인정받지 못했습니다. 부모는 아이가 태어나면 나라에 태어났다는 것을 알리는 '출생신고'를 합니다. "아이가 태어났고 대한민국의 사람입니다."라고 나라에서 증명해 주는 것이죠. 이런 출생신고가 이루어졌을 때 아이는 대한민국 사람으로서 받을 수 있는 권리를 갖게 됩니다. 대표적인 권리 중 하나는 바로 교육의 권리입니다.

안타깝게도 과거 법에서 아이의 출생신고를 위해서는 아이를 낳은 '엄마'의 인적 정보가 필요했습니다. 하지만 민하의 경우 엄마와 연락이 닿지 않으니 출생신고가 이루어질 수 없었죠. 다행히 현재는 법이 바뀌어서 엄마의 이름이나 주민등록번호를 모르더라도 유전자 검사를 통해 아빠라는 것을 증명하면 출생신고가 가능해졌고, 민하는 이 법(사랑이와 해인이법)이 생긴 이후 비로소 대한민국 사람이 될 수 있었습니다.

그렇다면 우리나라에서는 한부모 가족을 위해 어떤 사회적 정책을 펼치고 있을까요? 한부모 가족 지원법의 일부는 아래와 같습니다. 국가에서 제공하는 복지 정책에는 한부모 가족에 대한 사회적 인식 향상(제2조)과 금전적인 지원(제12조) 등이 있습니다.

한부모 가족 지원법

[시행 2021. 4. 21.] [법률 제17540호, 2020. 10. 20., 일부개정]

제1조(목적) 이 법은 한부모 가족이 안정적인 가족 기능을 유지하고 자립할 수 있도록 지원함으로써 한부모 가족의 생활 안정과 복지 증진에 이바지함을 목적으로 한다.

제2조(국가 등의 책임)

① 국가와 지방자치단체는 한부모 가족의 복지를 증진할 책임을 진다.

③ 국가와 지방자치단체는 한부모 가족에 대한 사회적 편견과 차별을 예방하고, 사회구성원이 한부모 가족을 이해하고 존중할 수 있도록 교육 및 홍보 등 필요한 조치를 하여야 한다.

⑥ 모든 국민은 한부모 가족의 복지 증진에 협력하여야 한다. 〈개정 2011. 4. 12., 2013. 3. 22.〉

제12조(복지 급여의 내용)

① 국가나 지방자치단체는 제11조에 따른 복지 급여의 신청이 있으면 다음 각 호의 복지 급여를 실시하여야 한다.

1. 생계비
2. 아동교육지원비
3. 삭제 〈2011. 4. 12.〉
4. 아동양육비
5. 그 밖에 대통령령으로 정하는 비용

출처: 국가법령정보센터

한부모 가족 중 대부분은 '한'부모가 생계를 위해 적극적으로 취업 활동에 나서야 합니다. 그러다 보니 아이들 양육을 위한 시간적 여유가 부족한 경우가 많습니다. 이런 점을 고려해 보았을 때 현재 금전적인 지원 위주만의 사회 복지 제도가 충분한지는 다시금 생각해 볼 필요가 있습니다.

새롭게 가족되기: 재혼 가족

윤정이는 5살에 아빠가 돌아가신 후 중학교 2학년이 될 때까지 쭉 엄마와 함께 살았습니다. 윤정이는 엄마와 함께하는 하루하루가 정말 즐겁습니다. 아빠는 없지만 엄마랑 단둘이 하는 장보기도 좋고 도란도란 누워서 이야기하는 시간도 행복하기만 합니다. 엄마랑 둘이서만 하는 보드게임은 또 얼마나 재미있는지…. 가게 문을 닫고 돌아오는 엄마를 마중 가는 시간이 윤정이가 하루 중 가장 기다리는 시간입니다. 가끔 아빠의 빈자리를 느낄 때 마다 쓸쓸해지긴 하지만요.

오늘도 엄마와 저녁밥을 먹고 같이 보드게임을 하는데 엄마가 불쑥 윤정이에게 말하셨습니다. "윤정아, 우리 둘이서만 하니까 좀 아쉽다. 여럿이서 하면 더 재미있는 게임인데. 음, 다른 사람들과도 함께하면 어떨까? 엄마가 내일 같이 게임 할 동생이랑 친한 아저씨 한 명을 소개할까 해." 윤정이 손을 꼭 잡은 엄마의 손이 조금씩 떨리고 있었습니다. 윤정이는 '친한 아저씨'라는 말에 흠칫 놀랐지만, 엄마의 손을 놓지 않았습니다.

새롭게 만난 아저씨와 동생과 함께하는 게임은 정말 흥미진진했습니다. 엄마랑 동생이 팀이 되고 아저씨와 윤정이가 팀이 되어 한 게임은 박진감이 넘쳐 손에 땀을 쥐게 했죠. 엎치락 뒤치락 날이 가는 줄도 모르고 하던 보드게임의 마지막, 드디어 윤정이와 아저씨네 팀이 이겼습니다. 겨우 1점 차로 말이죠! 윤정이는 처음 만났을 때의 쭈뼛거리던 어색함도 모두 잊은 채 아저씨와 얼싸안고 승리의 기쁨을 누렸습니다.

지금 읽은 이 짤막한 이야기는 윤정이가 새아빠와 남동생을 만나기 전날 밤과 처음으로 만난 날의 일부입니다. 윤정이는 보드게임을 통해 새아빠와 남동생을 만났고 그 후 엄마와 아저씨는 결혼했습니다.

이와 같이 이혼, 사별 등으로 혼인 관계가 끝난 후 다른 사람과의 혼인을 통해 생겨난 가족을 '재혼 가족'이라고 합니다. 이혼했던 부부가 다시 결혼을 하는 것도, 부부 중 한 사람은 결혼을 한 적이 있고 다른 한 사람은 없더라도 재혼 가족이라 불립니다.

윤정이의 경우처럼 재혼 가족은 전혀 다른 모습으로 살아가던 가족과 가족의 결합입니다. 이혼 가족과 이혼 가족의 결합일 수도 있고, 이혼 가족과 1인 가구의 결합인 경우도 있습니다. 재혼 가족은 한부모 가족이 가지고 있던 자녀 양육에 대한 재정적, 심리적 부담을 줄일 수 있다는 점에서 큰 장점을 가지고 있습니다.

윤정이 엄마 역시 홀로 가게 일에 윤정이를 돌보는 일까지 모두 하다 보니 어려운 상황이 많았습니다. 물론 윤정이와의 끈끈한 애정으로 잘 버텨냈지만요. 엄마는 아저씨를 진심으로 사랑했고 아저씨가 윤정이에게 좋은 아빠가 되어 줄 것이라는 확신을 가졌습니다. 아저씨와 함께하기로 결정하기 전까지도 엄마는 윤정이의 마음이 가장 중요했죠. 윤정이에게는 처음 보는 낯선 아저씨, 남자아이가 가족이 되어 새아빠, 남동생이 되는 것이니까요.

부부는 서로 사랑하기 때문에 다시 결혼을 선택했지만, 부부의 각 자녀는 처음 보는 사람과 가족이 되어 살아가야 하니 정서적으로 혼란스럽기도 합니다. 또 아직 윤정이의 머릿속에 아빠는 5살에 돌아가신 친아빠이다 보니 윤정이에게 새로운 아빠는 영 어색한 존재입니다. 이처럼 서로 새롭게 만난 사람들이 하나의 가족이 되는 과정은 서툴고 어렵습니다.

그럼에도 그 과정을 극복한 결과는 놀랍습니다. 물론 처음에는 가족보다는 새로운 사람으로 느껴지기에 어색한 것이 사실입니다. 한 집에서 사는 것이 몰래 온 손님과 함께 사는 것처럼 느껴지기도 합니다. 그럼에도 불구하고 함께 살기로 '선택한' 가족이기 때문에 서로의 부정적인 면보다는 긍정적인 면을 찾고자 노력합니다. 첫 결혼에서 찾지 못했던 다른 행복을 발견하려는 거죠. 따라서 새로이 꾸려진 가정이 처음 가정보다 더 행복하고 발전한 모습으로 살아가는 경우도 매우 많습니다. 실제 다양한 연구에서도 초혼 부부보다 재혼 부부의 경우 문제가 생겼을 때 의사소통을 통해 문제를 해결하는 능력이 더 뛰어나다고 합니다.

어렸을 때부터 읽었던 『콩쥐 팥쥐』, 『신데렐라』와 같은 전래동화에 나오는 새엄마는 자신의 친자식과 새롭게 얻은 자식을 차별하는 나쁜 역할입니다. 단순히 차별하는 것을 넘어 괴롭히고 학대하는 모습으로 나오기도 하죠. 동화의 영향 때문일까요? 사람들은 '새엄마,' '새아빠'에 대한 사회적 편견을 가지는 경우가 간혹 있습니다.

하지만 대부분의 재혼 가족은 서로를 이해하고 노력하며 한 가족이 되기 위해 최선을 다합니다. 즉 『콩쥐 팥쥐』, 『신데렐라』의 계모처럼 자식을 괴롭히지도 않고, 『헨젤과 그레텔』의 아빠처럼 재혼을 했다는 이유로 친자식을 버리지 않습니다. 우리가 잊지 말아야 할 것은 재혼 가족은 자연스럽게 생겨나는 가족의 한 형태라는 것입니다. 따라서 재혼 가족에 대한 부정적인 인식보다는 새로운 가족을 잘 꾸려나갈 수 있도록 응원하는 마음을 가져야 합니다. 물론 재혼 가족은 그 응원에 힘입어 하나의 가족이 될 수 있도록 최선을 다해야겠죠? 윤정이네 집처럼요!

할머니 사랑해요: 조손 가족

초등학교 6학년 영호는 오늘도 학교에서 돌아오자마자 할머니와 한바탕 전쟁입니다. 분명 학교에서 스마트폰 어플로 가정통신문을 보냈다고 하는데 할머니는 그런 연락을 받은 적 없다고 하시니, 영호는 미치고 팔짝 뛸 노릇입니다. 벌써부터 담임 선생님께 뭐라고 말씀드려야 할지 눈앞이 캄캄합니다. 침대에 풀썩 누운 채 머릿속으로 죄송하다는 말만 썼다 지웠다를 반복하고 있는데, 할머니께서 방문을 똑똑 두드리십니다. 괜히 짜증 섞인 눈빛으로 할머니를 쏘아 보자 할머니가 미안하다는 표정과 함께 저녁을 들고 들어오십니다. 할머니가 스마트폰과 친하지 않다는 것쯤은 알지만 그래도 괜히 마음이 뾰족 뾰족 날이 서 있습니다. 속상했던 마음도 잠시, 저녁밥을 가져다주시는 할머니의 주름진 손을 보니 갑자기 '할머니마저 내 곁을 떠나면 어쩌지.' 하고 덜컥 겁이 나 눈빛이 누그러집니다.

영호는 조손 가족의 아이입니다. 조손 가족은 조부모와 손자, 손녀로 이루어진 가족입니다. 손자와 손녀는 만 18세 이하의 미성년자로, 영호처럼 보호자의 도움이 필요한 아이들을 의미합니다. 조부모는 손자와 손녀의 할머니 혹은 할아버지입니다. 할머니 할아버지가 함께 손녀, 손자를 키우거나 할머니 혹은 할아버지 중 한 분이 손녀, 손자를 키우는 경우 모두 조손 가족에 해당합니다. 부모의 이혼, 재혼, 사별 등의 이유로 아이가 할머니나 할아버지와 함게 사는 것이죠. 이처럼 조손 가족이 생겨나는 요인은 다양하며 그 규모는 꾸준히 증가하고 있습니다.

대한적십자에서 조사한 결과 2015년 기준 조손 가족의 수는 15만 3천 가구에 이르며, 2030년에는 27만 가구, 2035년에는 32만 1천 가구에 이를 전망입니다. 생각보다 더 많은 수치이지 않나요? 물론 이는 확인된 가구의 수일 뿐 실제 조손 가족의 수는 더 많을 확률이 높습니다. 할머니 할아버지와 살지만 서류상으로는 정리가 되지 않아 부모님과 함께 사는 것으로 나오는 아이들이 많기 때문입니다.

가족은 아이들이 성인으로 성장할 수 있도록 심리적으로도 경제적으로도 도움을 주는 역할을 합니다. 그러나 몇몇 조손 가족은 이러한 안정감을 누리기 어려운 상황에 처해 있습니다.

먼저 심리적인 측면을 살펴볼까요? 기대 수명은 높아졌으나 친부모에 비해 조부모는 나이가 많습니다. 그러다 보니 할머니 할아버지 손에서 크는 아이들은 할머니 할아버지가 혹여 편찮으실까, 나를 먼저 떠나지 않을까 하는 두려움을 늘 안고 살아간다고 합니다.

나아가 아이를 양육하는 것 자체가 할머니 할아버지에게 신체적, 정신적으로 큰 부담을 주기도 합니다. 격변하는 시대에 아이들은 새롭고 빠른 변화에 익숙하지만 할머니 할아버지의 경우 그렇지 않은 사례가 많습니다. 메타버스에서 놀고, 스마트폰으로 영상을 찍고 편집하는 것이 일상인 여러분과 스마트폰 사용 자체가 쉽지 않은 할머니 할아버지 사이에는 세대, 정보 격차가 벌어질 수밖에 없습니다. 영호의 경우에도 알 수 있듯이 가정통신문도 스마트폰 어플로 전송하는 요즘, 할머니 할아버지가 아이들을 세세하게 돌보는 것은 여간 어려운 일이 아닙니다.

경제적인 측면에서도 조손 가족은 큰 어려움을 겪습니다. 아이들의 보호자인 할머니와 할아버지의 경제 능력이 점점 줄어들기 때문입니다. 할머니 할아버지는 대체적으로 연령이 높기 때문에 사회에서 필요한 주요 일자리를 얻기 어렵습니다.

그래프를 함께 살펴볼까요? 월평균 가구 소득은 한 달 동안 집안 전체에서 버는 돈을 의미합니다. 대체적으로 월급이 여기에 해당합니다. 조손 가족의 경우는 할머니 할아버지가 버는 돈의 양이겠죠. 왼쪽 그래프를 보면 조손 가족의 무려 44%가 40~80만 원 미만으로 생활하며 80만 원 이상의 수입이 있는 경우는 20%가 채 되지 않습니다.

나아가 아이를 맡기고 간 아이의 부모의 66%는 양육비를 보내주지 않고, 보내준다고 해도 정기적이지 않거나 명절이나 생일에만 보내는 경우가 21%입니다. 즉 13%의 조손 가족만 친부모의 도움을 받을 수 있다는 것입니다.

월평균 소득이 80만 원보다 낮기 때문에 조손 가족은 기본적인 의료 서

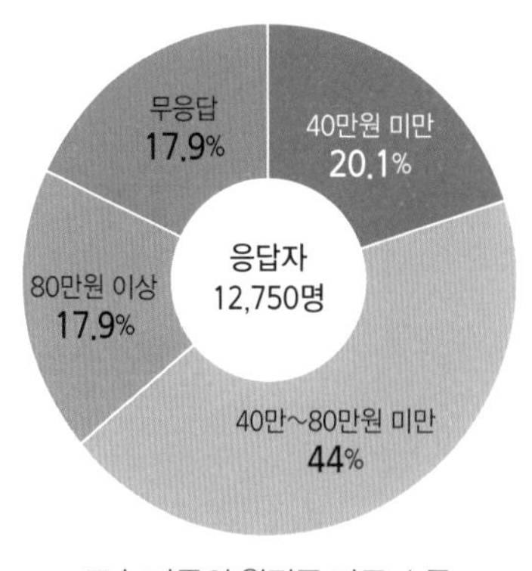

조손 가족의 월평균 가구 소득
출처: 여성가족부, 2010

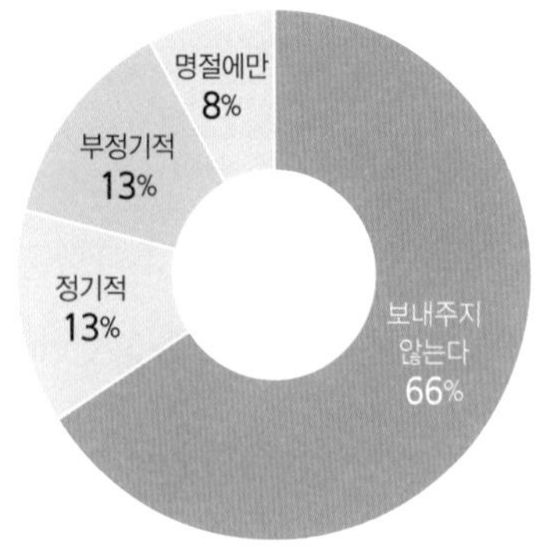

손자녀 친부의 양육비 제공 실태
출처: 여성가족부, 2010

비스를 이용하기 어려울 뿐만 아니라 문화 생활을 영위하기 힘듭니다. 모든 수입은 식비, 주거비 등 필수 생활비로 사용되기 때문입니다. 그러다 보니 할머니나 할아버지가 몸이 편찮으실 때 필요한 의학적인 조치를 충분히 취하기가 매우 어렵습니다.

정부에서는 조손 가족의 어려움을 십분 공감하고 그들이 보다 나은 생활을 할 수 있도록 경제적인 지원을 하고 있습니다. 그럼에도 불구하고 부모와 함께 살지 않지만 부모가 서류상 동거인으로 남아 있어 실제 혜택을 받지 못하는 경우가 종종 생겨 안타까움을 자아내기도 합니다. 이뿐만 아니라 조손 가족은 고령인 할머니 할아버지와 어린 자녀가 함께 사는 가족 형태이기 때문에 상대적으로 정보를 얻을 기회가 희박하여 정부 차원의 복지 제도를 몰라 혜택을 받지 못하는 경우도 많습니다.

영호는 혼자서도 씩씩하게 학교를 가고 투정을 부리지 않는 아이로 성장하고 있습니다. 그런 영호가 조금이라도 마음의 짐을 덜어내고 할머니와 행복하게 살기 위해서는 주변 어른의 도움과 우리의 관심이 절실할지도 모릅니다.

다른 듯 같은 우리: 다문화 가족

내일은 드디어 수능 시험 날입니다. 엄청난 긴장감 때문에 희연이는 한 끼도 제대로 먹지 못했습니다. 분명 수능은 언니가 치는데 왜 내가 긴장되는지, 심장이 밖으로 튀어나올 것만 같습니다. 언니는 그런 희연이에게 유난이라고 타박하면서도 한 손에는 영어 단어장을 꼭 쥐고 있습니다. 엄마는 언니에게 맛있는 만찬을 먹여야 한다며 아까부터 분주합니다. 희연이는 언니가 선물로 받아 온 찹쌀떡을 먹으며 주방을 기웃기웃 보고 있습니다. 오늘 저녁은 돈가스인 것 같습니다. 고소한 튀김 냄새가 주방을 지나 아빠가 계신 서재까지 침투합니다. "웬 돈가스? 당신 돈가스 안 좋아하지 않아?" 냄새를 맡고 나오신 아빠가 넌지시 이야기합니다. "왜긴요. 내일 희정이 수능이잖아요. 원래 중요한 시험 전날에는 돈가스를 먹어야 해요. 희정아, 내일 시험 파이팅!" 엄마의 진심 어린 응원에 희정이와 희연이 머리 위에 물음표가 떠다닙니다. '응? 시험이랑 돈가스가 무슨 상관이더라, 전에 말씀해 주셨던 것 같은데….'

희정이와 희연이는 왜 수능 전날 돈가스를 먹은 걸까요? 사실 그 비밀은 희연이 어머님의 국적에서 찾을 수 있습니다. 희연이 어머님은 일본인이시거든요. 일본에서는 시험 전날 돈가스를 먹는 풍습이 있다고 합니다. 우리가 중요한 시험 전에 찹쌀떡을 먹거나 휴지를 선물하는 것처럼 말이죠. 돈가스는 일본어로 '돈카츠'라고 불리는데 이때 '카츠'의 발음이 이긴다는 뜻의 '카츠(勝つ)'와 비슷하다고 합니다. 그래서 "시험을 잘 보고 돌아오라"는 뜻으로 시험 전날 돈가스를 먹는 것이죠.

여기서 알 수 있듯이 희연이네는 '다문화 가족'입니다. 다문화 가족은 서로 다른 국적의 사람이 만나 결혼을 통해 만들어진 가족을 의미합니다. 그렇기 때문에 한 집안 속에서 다른 문화를 경험할 수 있습니다. 여기서 '다른' 문화란 작게는 시험 전날 돈가스를 먹는 일부터 크게는 종교, 가치관, 언어 등의 차이를 말합니다.

이제는 '세계화'라는 말을 사용하는 것 자체가 어색할 정도로 나라와 나라 사이의 교류가 그 어느 때보다 활발합니다. 비행기표와 여권만 있으면 어디든 자유롭게 국경을 넘나들 수 있습니다. 일자리를 찾기 위해, 유학을 가기 위해, 사람들과의 교류를 위해 등등 각자의 이유로 사람들은 이동합니다. 이렇게 만난 서로 다른 국적의 사람들이 국제 결혼을 하게 되어 다문화 가족이 이루어지는 것이죠.

하지만 실제로 가족이 되어 살아가다 보면 부부간의 문화 차이를 좁히는 것은 꽤 어렵습니다. 특히 다문화 가족은 서로 사용하는 언어가 다르기 때문에 이로 인한 갈등이 더욱 극대화되기도 합니다. 이 외에도 외로움, 문화 차이, 편견 등 다양한 이유로 한국 생활에 어려움을 느끼고 있습니다.

따라서 다문화 가족의 원활한 적응과 갈등 완화를 위해서 정부에서는 다양한 지원 프로그램을 진행하고 있습니다. 성장기의 다문화 가족 아동에게 글 읽어 주기 프로그램, 알림장 해석해 주기 프로그램 등 실제 아이들이 학교 생활에 잘 적응할 수 있고 한국으로 국제 결혼을 온 외국인 신랑, 신부도 잘 적응할 수 있도록 돕는 것이죠.

정부의 다각적인 도움에도 불구하고 다문화 가족이 겪는 가장 큰 어려움은 주변에서 보내는 차가운 시선입니다. 이제는 '다문화'라는 이름이 진부하게 느껴질 만큼 우리는 다양한 인종과 국가의 사람들과 함께 살아갑니다. 대한민국은 명실상부 다문화 사회로 진입한 거죠. 이러한 현실에도 우리와 피부색이 다르다는 이유로, 혹은 언어가 조금 서투르다는 이유로 사회적으로 차별하거나 경시하는 모습을 보이는 사람들이 있습니다.

그러나 다문화 가족만이 가지는 긍정적인 면 역시 존재합니다. 다양한

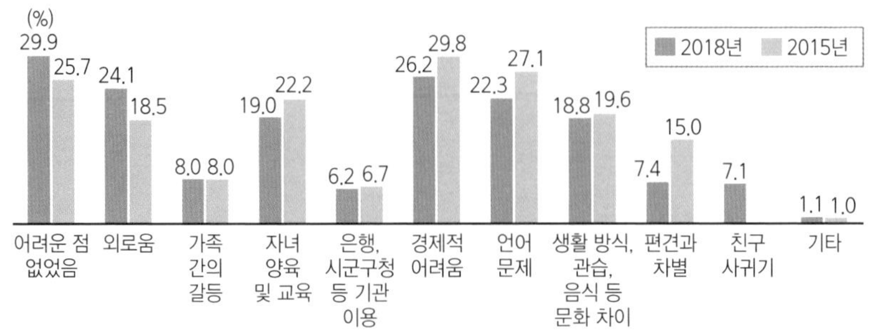

결혼이민자·귀화자의 지난 1년간 한국 생활의 어려움(복수응답)

출처: 여성가족부, 2019

문화를 어렸을 때부터 습득하기 때문에 이를 바탕으로 세상을 보다 열린 태도로 바라볼 수 있게 됩니다. 물론 서로 다르다는 것이 갈등의 원인이 되기도 하지만 다른 한편으로는 다른 문화를 편견 없이 받아들이는 계기가 되기도 합니다. 희정이와 희연이네처럼요! 엄마 덕분에 희정이와 희연이는 한국과 일본의 서로 다른 문화를 자연스럽게 받아들였습니다. 어렸을 때부터 세상을 더 넓은 관점으로 바라볼 수 있었죠. 한국과 일본 두 나라에서 '자녀의 시험을 응원하는 문화'가 동일하게 존재하는 것처럼 문화는 서로 다른 듯 같은 점이 많습니다. 자녀를 사랑하고 걱정하는 마음은 어느 나라에서나 같거든요.

이와 같은 강점이 있음에도 불구하고 편견을 가지고 다문화 가족을 대하는 사람들이 있습니다. 한국인과 일본인 부부의 경우 비교적 생김새의 차이가 드러나지 않습니다. 이런 다문화 가족에게는 차별을 하지 않다가 한국인과 다른 생김새의 다문화 가족 아이들에게는 무례한 질문을 던지거나 편견을 가지고 대하는 두 얼굴의 사람들도 있습니다.

희연이도, 우리도 그리고 외모가 다른 어떤 친구도 모두 대한민국에서 살고 있는 대한민국 사람입니다. 그 누구도 다른 누군가에게 편견을 가지고 대할 권리가 없다는 것을 여러분도 잘 알고 있기를, 또 실천하기를 바랍니다.

한 명 또는 여러 명이 모여 가족이 될 수 있고 다른 국적의 사람과도 가족을 이룰 수 있듯이 가족의 형태는 다양합니다. 앞서 이야기한 것처럼 정해진 형태가 있는 것이 아니라 동그라미, 세모, 네모, 별 등 조금씩 생김새가 다를 뿐이죠.

함께 밥을 먹고 생활을 공유하는 사람들을 가족으로 정의하고 지금껏 여러 형태의 가족을 함께 살펴보았습니다. 어떤가요, 참 다양한 가족이 있죠? 전통적인 분류 형태인 핵가족, 확대 가족부터 혼자 가정을 꾸리는 1인 가구, 부모가 필요한 아이에게 부모가 되어 주는 입양 가족, 이혼·사별·혼외 출산 등으로 생겨난 한부모 가족, 서로 다른 가족이 하나의 새 가족이 되는 재혼 가족, 할머니 할아버지와 함께 사는 조손 가족, 마지막으로 국제 결혼을 통해서 이루어진 다문화 가족까지 함께 살펴보았습니다.

여러분이 명심해야 할 것은 개개인의 선택을 존중하고 이해할 때 내가 선택한 가족의 형태도 존중받을 수 있다는 점입니다. 나와 다른 모습의 가족 형태로 살아가는 사람들이 어색하고 색달라 보일 수는 있겠지만 모두 각자가 선택한 가족의 모습임을 잊지 않기를 바랍니다.

여러분의 생활과 부모님의 생활, 할머니 할아버지의 생활이 달랐듯이 가족의 형태는 점차 변화해 왔고 앞으로 또 변화해 갈 것입니다. 지금과는 또 다른 형태의 가족이 또 생겨나겠죠. 어떤가요. 생각해 보니 흥미롭지 않나요? 앞으로 어떤 가족이 또 여러분 앞에 나타날지, 나는 훗날 커서 어떤 가족을 이루고 살아갈지 상상해 보는 것도 재미있지 않을까요?

3교시

사라지는 아이들

1. 슬픔 가득한 한 초등학교의 졸업식

오늘은 바로 초등학교 졸업식, 졸업식 현수막에는 "조금 먼저 온 미래"라고 적혀 있습니다. 마냥 기쁠 것만 같았던 졸업식인데 다들 표정이 그리 밝지만은 않습니다. 학년이 올라갈수록 반 친구들이 점점 줄더니 졸업식에 함께하는 친구들은 38명뿐입니다. 다니던 학교가 폐교되는 건 시골에서나 일어나는 일이라고 생각했는데, 서울 도심에 있는 우리 학교가 없어진다니 믿어지지 않습니다. 정원이와 친구들은 학교의 마지막 졸업생이 되었고, 1학년부터 5학년 동생들도 모두 뿔뿔이 흩어져 전학을 가게 되었습니다. 중학생인 정원이의 언니도 모교가 없어진다니 아쉬운 마음에 수업이 끝나자마자 달려왔습니다. 교장 선생님께서 "2020년 첫 달에 조금 먼저 온 미래를 맞이하게 되었습니다. 사랑합니다. 그리고 오래 기억하겠습니다."라고 말씀하시자 참았던 눈물이 터져 나옵니다. 언니, 오빠, 동생들과 함께 마지막으로 교가를 힘차게 불러봅니다. 도대체 왜 점점 학생 수가 줄어드는 걸까요? 미래에는 얼마나 많은 학교들이 사라질까요?

끝이 아닌 새로운 시작을 의미하는 졸업. 여러분은 '졸업' 하면 어떤 감정이 드나요? 정든 친구들, 선생님들과 헤어져서 슬픈 감정, 새로운 학교로 간다는 설렘 등이 있을 겁니다. 그리고 중학교, 고등학교에 가서도 꼭 선생님을 다시 뵈러 오겠다는 약속을 하는 친구들도 많을 거예요.

여기, 여러분의 졸업식과는 조금 다른 졸업식을 경험한 친구들이 있습니다. 1994년 개교한 염강초등학교는 최근 학생 수가 크게 줄어 폐교가 결정되었습니다. 마지막 졸업식에서 졸업장을 받은 6학년 학생 수는 38명이었고, 재학 중이던 1~5학년 학생들은 인근에 있는 초등학교로 뿔뿔이 흩어져 전학을 가게 되었습니다.

폐쇄된 학교의 모습

이것이 비단 염강초등학교에서만 일어나는 일일까요? 염강초등학교는 우리나라에서 가장 인구수가 많고, 가장 인구 밀도가 높은 서울에 위치해 있습니다. 이런 초등학교가 왜 폐교된 걸까요? 젊은 청년층이 많이 집중되어 있는 서울에서도 폐교하는 학교가 나온다는 것은 정말 놀라운 일입니다. '조금 먼저 온 미래'라는 말처럼, 전문가들은 염강초등학교를 시작으로 저출생 시대에 맞춰 점점 사라지는 학교들이 많아질 것이라고 예측하고 있습니다.

옛날에는 한 반에 50명이 있었다고?

여러분의 학급에는 몇 명의 친구들이 있나요? 50명이 넘는 친구들과 함께하는 교실, 상상이 가나요? 1980년 초등학교 한 반의 학생 수는 평균

콩나물 교실의 모습

51.5명이었다고 합니다. 너무 많다고요? 심지어 1970년 전에는 60명이 넘었습니다. 과거에는 이러한 교실의 모습을 '콩나물 교실'이라고 표현했습니다.

좁은 교실에 학생들이 빽빽하게 앉아 있는 모습이 마치 콩나물 시루와 같아 붙여진 이름입니다. 콩나물 시루란 콩나물을 빽빽하게 넣어 키우던 질그릇을 말합니다. 우리나라 최고의 콩나물 교실은 어디였을까요? 1978년 서울 독산초등학교 2학년 5반 학급에 있던 학생 수는 무려 104명이었다고 합니다. 어찌나 학생들이 많았는지 콩나물 교실도 모자라서 오전과 오후로 나눠 수업하는 '2부제 수업'도 실시되었습니다.

그러나 콩나물 교실, 2부제 수업 등은 옛말이 되어 버린 지 오래입니다. 시간이 지나면서 학급당 학생 수는 점점 줄어 2021년에는 초등학교 기준 21.5명이 되었습니다. 그 이유는 출산율이 감소하고 있기 때문입니다. 연도별 합계출산율(여성 1명이 평생 동안 낳을 것으로 예상되는 평균 자녀 수)은 해가 지날수록 감소하고 있습니다. 2016년 1.17명에서 2018년에는 합계출

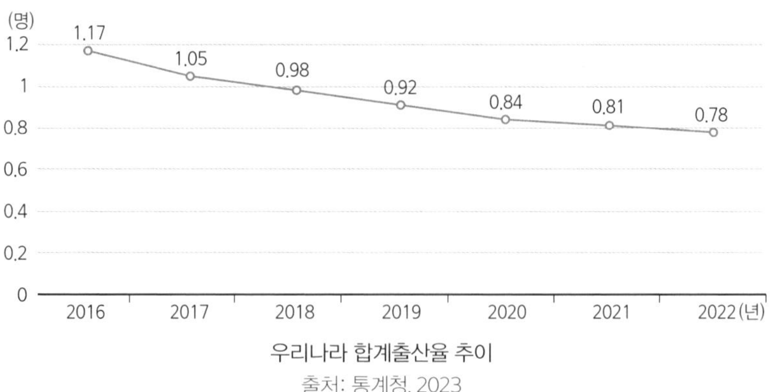

우리나라 합계출산율 추이

출처: 통계청, 2023

산율이 1명 아래로 감소해 결국 2020년 0.78명을 기록했습니다.

우리나라의 인구 정책 속에도 이러한 인구 변화가 잘 나타나 있습니다. 1955~1963년에 태어난 사람들을 흔히 '베이비붐 세대'라고 부릅니다. 이 기간 동안 출산율이 급증하여 유소년 부양 부담이 크게 증가했습니다. 식량과 일자리는 부족한데 인구는 계속해서 증가하자 우리나라 정부는 인구를 억제해야겠다는 판단을 내렸습니다. 정부는 '1963년 가족계획 10개년 사업(1962~1971년)'을 발표했습니다. 이 사업의 주요 내용은 기존에 3%였던 인구증가율을 2%로 낮추는 것이었습니다.

이에 따라 1970~1980년대 정부는 출산율을 낮추기 위한 다양한 정책들을 내세웠습니다. 3명의 자녀를 3년 터울로 낳고 35세까지 단산하자는 '3·3·35 운동'과 함께 "딸·아들 구별말고 둘만낳아 잘 기르자!"라는 표어가 널리 사용되었습니다. 당시만 해도 남아 선호 사상의 영향으로 아들을 낳을 때까지 아이를 낳는 경우가 많았기 때문입니다.

인구 정책 포스터(1970~1980, 1990, 2000년대 순)

그러자 1990년대 들어서면서 성비 불균형 문제가 더욱 심각해졌습니다. 성비는 여자 100명당 남자의 수를 나타냅니다. 성비가 101명이면 여자가 100명일 때 남자가 101명으로 남자가 더 많다는 의미입니다. 1990년에 성비가 약 116명까지 증가했습니다. 성비 불균형 문제가 심각해지자 정부는 "선생님! 착한 일 하면 여자짝꿍 시켜주나요."라는 문구의 인구 정책 포스터를 내세웠습니다

2000년대에는 저출생 문제가 심각해졌습니다. 현재까지도 출산율을 높이기 위해 육아휴직, 아동 수당 지급 등 다양한 출산 장려 정책들을 실시하고 있습니다. 인구 정책 포스터에도 "한 자녀보다는 둘, 둘보단 셋이 더 행복합니다.", "자녀에게 물려 줄 최고의 유산은 형제입니다." 같은 문구들이 적혀 있습니다. 그 많던 아이들은 어디로 갔을까요?

학령인구와 생산인구

"학생 수가 감소하고 있다."라는 말을 좀 더 구체적인 말로 "학령인구가 감소하고 있다."라고 표현합니다. 통계청을 비롯한 많은 인구학자들은 대

tip

학령인구와 생산인구

학령인구는 교육을 받는 아동과 청소년의 총인원수를 말합니다. 구체적으로는 6~21세에 해당합니다. 통계청의 조사에 따르면 학령인구가 2012년 959만 명에서 2021년 763.8만 명으로 감소했다고 합니다. 생산인구는 경제 활동을 할 수 있는 나이의 인구로 15~64세가 속합니다. 그중 가장 경제 활동이 활발한 25~49세에 해당하는 인구는 '핵심생산인구'라고 합니다.

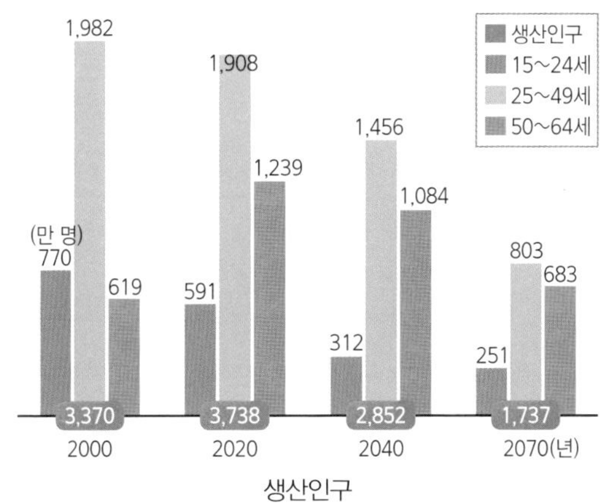

생산인구

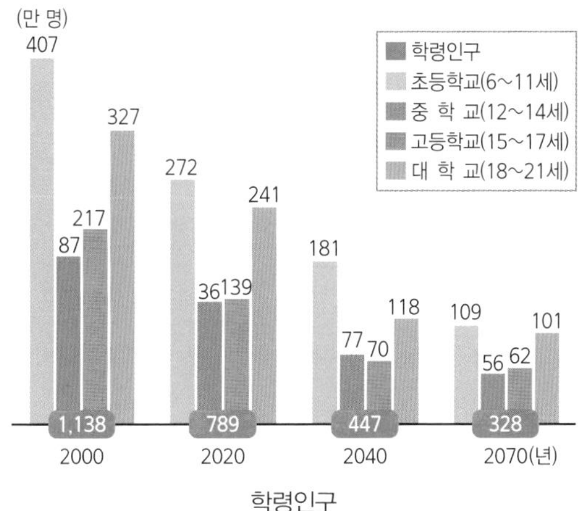

학령인구

장래 인구추계(2020~2070년)

출처: 통계청, 2021

한민국 학령인구와 생산인구가 계속해서 감소할 것이라고 예측하고 있습니다.

학령인구가 감소하니 초등교사를 양성하는 교육대학교 입학 정원도 감축하자는 목소리가 나오고 있습니다. 쉽게 말해서 아이들이 적게 태어나니 교사를 적게 뽑자는 것이죠. 실제로 2022년 서울 지역 초등교사 임용 시험을 합격한 216명의 선생님들 전원이 당해 연도에 학교로 발령을 받지 못했습니다. 그러나 학령인구가 감소한다고 해서 단순히 교사의 정원 수를 줄이는 것은 옳지 않습니다. 2019년 기준 OECD 국가들의 초등학교 학급당 학생 수 평균이 21.1명인 것에 반해 우리나라는 23명입니다. 심지어 학급당 학생 수가 28명이 넘는 과밀학급이 여전히 존재합니다. 학생 개인에게 맞춤형 교육을 하기 위해서는 학급당 학생 수가 적어야 합니다. 따라서 단순히 교사의 정원 수를 줄일 경우, 교육의 질이 하락할 가능성이 있습니다.

초등학교뿐만 아니라 대학교에서도 학생 수를 줄이거나 근처에 있는 대학끼리 통폐합을 하기도 합니다. 심지어 폐교되는 대학교들도 생겨나고 있습니다. 수도권 대학교를 선호하는 학생들이 많다 보니 지방에 있는 대학교들의 생존은 더욱 위태로워지고 있습니다. 학생 수가 줄어들면 그만큼 학생들이 내는 등록금이 줄어들기 때문에 대학교 운영이 어려워집니다.

대학교가 폐교되면 재학생들은 어떻게 될까요? 재학생의 경우 주변에 있는 대학교나 같은 재단의 대학교로 편입하게 됩니다. 편입이란 여러분이 다른 학교로 전학 가듯이 학교를 옮기는 것을 말합니다. 열심히 노력해서 온 정든 학교가 한순간에 사라진다면 정말 허무하겠죠? 학생들뿐만 아니라 대학교에서 일하는 교직원들 역시 일자리를 잃게 됩니다.

또한 지방에 있는 대학교가 폐교될 경우 지역 내 청년들이 사라지면서 지역 사회 전체가 경제적인 타격을 입습니다. 대학교 주변에 위치한 음식점, 문화시설, 쇼핑 공간 등은 학생 수가 줄면 매출이 크게 감소합니다. 또한 집과 학교의 거리가 먼 학생들은 학교 인근에서 방을 구해 매달 월세를 내며 사는데, 폐교가 될 경우 방을 빼고 각자의 고향으로 돌아갑니다. 방을 구하는 손님들이 사라지면 집주인들 역시 월세를 받지 못해 경제적으로 어려움을 겪게 되는 거죠.

이처럼 지방 대학교들의 폐교는 지역 사회 전체에 영향을 주기 때문에 지역 사람들 모두가 관심을 갖고 학생을 모집하기 위한 방안을 생각해 보아야 합니다. 지방에 있는 대학교가 우수한 인재를 영입하기 위해서는 차별화된 교육과정, 지역 사회와 연계한 다양한 일자리 창출, 미래 지향적인 학과 개설 등 현실적인 대안이 필요합니다.

학령인구가 감소하면서 새로운 형태의 학교가 나타났습니다. 바로 초등학교와 중학교, 중학교와 고등학교를 통합하여 함께 운영하는 형태의 학교입니다. 1998년 제정된 초·중등교육법에 따라 통합학교가 운영되기 시작했습니다. 학교마다 운영 형태는 조금씩 다르지만 행정실, 급식실, 운동장 등의 교육 공간을 함께 공유합니다. 공간을 함께 사용하다 보니 건물을 건축하는 데 드는 비용이나 인건비 등을 줄일 수 있다는 장점을 갖고 있습니다. 통합학교는 폐교가 늘어나고 있는 농어촌 지역에서 먼저 설립되었습니다. 농어촌 지역뿐만 아니라 지방의 도시들 그리고 수도권조차도 학령인구가 계속 감소하면서 통합학교는 점점 늘어나는 추세입니다.

서울에서는 통합학교 대신 '이음학교'라는 이름을 사용하고 있습니다. 서울 최초의 통합학교는 2019년 개교한 '해누리 초중이음학교'입니다. 이

학교는 초등학교 15학급, 중학교 22학급, 특수학급 2학급으로 총 49학급 규모로 개교하였습니다. 학교장은 한 명이 겸임하고, 학교의 주요시설을 함께 사용하고 있으며 행정실 직원들 역시 통합하여 업무를 수행하고 있습니다.

'해누리 초중이음학교'에서는 통학학교의 장점을 살리기 위해 다른 학교에서는 볼 수 없는 다양한 프로그램들도 진행합니다. 초·중학생이 함께 연합하여 학생자치회 회의를 열고, 중등 또래 상담반 학생들이 초등학교 동생들을 대상으로 또래 상담을 진행하고, 학교의 각종 행사를 함께 운영한다고 합니다. 교훈과 교가 역시 하나로 공유합니다. 개교기념식에서 중학생들의 연주에 맞춰 초등학생들이 교가를 불렀다고 하는데, 통합학교만이 갖는 장점을 잘 활용하고 있는 것 같습니다.

물론 통합학교를 둘러싼 우려도 많습니다. 초등학생과 중학생은 발달단계 수준이 다른데, 모든 학생들을 한 명의 학교장이 책임져야 한다는 부담감, 초등학교에서 부정적 낙인을 받은 학생이 같은 학교로 진급할 경우 낙인 효과가 지속될 수 있다는 점, 학교폭력 문제 등이 있습니다. 많은 우려와 기대가 공존하지만 통합학교 설립은 줄어드는 학생 수에 대한 현실적인 해결 방안으로 떠오르고 있습니다.

앞으로도 학생 수가 계속해서 줄어든다면 전국적으로 통합학교의 수도 늘어날 것으로 예측됩니다. 우리 모두가 관심을 갖고 통합학교의 장점은 살리고, 우려들은 해소될 수 있도록 개선 방안들을 생각해 보아야 합니다.

만약 학령인구가 지속적으로 감소하면 결국 생산인구도 감소합니다. 그래프에서 보여 주듯이 많은 전문가들은 앞으로도 생산인구는 감소하고,

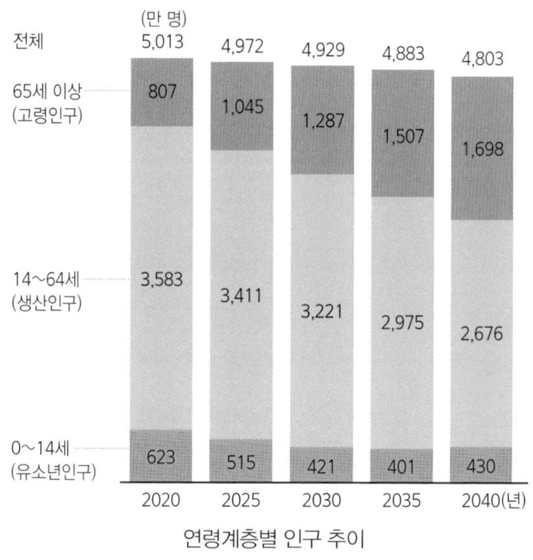

연령계층별 인구 추이
출처: 통계청

고령인구는 증가할 것으로 예측하고 있습니다. 이렇게 생산인구가 감소하면 어떤 일이 일어날까요?

먼저 생산인구가 감소하면 경제 전체가 큰 타격을 입습니다. 일할 수 있는 사람들이 줄어들기 때문에 노동력이 감소하고 세금을 내는 사람들이 줄어듭니다. 국가는 세금을 통해 국민들을 위한 복지, 국방, 공공시설 설치 및 관리 등을 합니다. 그런데 세금을 내는 인구가 줄어든다면 국가가 사용할 수 있는 비용이 줄어 국가경쟁력이 약해집니다. 또한 의료 복지의 대상이자 연금을 받는 만 65세 이상의 고령인구는 증가하고 있기 때문에 생산인구의 경제적 부담은 더 커집니다. 특히나 출산율이 높아 인구가 급증했던 베이비붐 세대들이 고령인구에 접어들면서 많은 전문가들은 앞으로도 계속해서 생산인구는 감소하고 고령인구는 증가할 것으로 예측하고 있습니다.

생산력이 줄어들면 소비력 역시 감소합니다. 물건을 사고 서비스를 이용하는 사람들의 수가 줄어들면 기업은 경제적 타격을 입습니다. 이렇게 되면 경제적 악순환이 일어납니다. 정부는 생산인구 감소에 따라 발생하는 경제 문제를 해결하기 위한 방안을 충분히 고려해야 합니다.

VIP가 아닌 VIB

여러분은 'VIB'라는 단어를 알고 있나요? 들어본 적 없다고요? 그렇다면 'VIP'는 들어본 적 있나요? 백화점이나 은행에서는 VIP 고객들에게 다른 고객들은 누릴 수 없는 차별화된 서비스를 제공합니다. 예를 들어 백화점에서는 VIP 고객들에게 명품 매장 줄서기를 면제시켜 주거나 무료로 주차를 해 주는 등 편리한 쇼핑을 돕습니다. VIP는 'very important person', 즉 매우 중요한 사람을 뜻합니다. VIP를 본뜬 VIB는 'very important baby', 즉 매우 소중한 아이라는 뜻입니다.

VIB와 유사한 단어로 '에잇포켓(eight pocket)'이 있습니다. 에잇포켓은 자녀 한 명을 위해 부모, 양가 조부모, 삼촌, 이모 등 8명이 아낌없이 지갑을 열어 돈을 쓴다는 의미입니다. 아이가 귀하다 보니 아이를 '골드키즈(gold kids)'라고 부르기도 합니다. 황금처럼 아이를 귀하게 키운다는 뜻입니다. 저출생이 확산되면서 여러 신조어들이 생겨나고 있습니다.

과거에도 자녀를 키울 때 최고의 성장 환경을 만들어 주고 싶었던 것은 마찬가지였으나, 한 가정당 자녀의 수가 많았기에 한 명의 자녀에게 많은

돈을 쓰기가 어려웠습니다. 그러나 지금은 출산율이 감소하면서 가정마다 1명 혹은 2명의 자녀를 키우는 경우가 많습니다.

이에 따라 아이에게 최상의 육아 환경을 제공하려는 부모들이 늘었습니다. 낮은 출산율이 만들어 낸 새로운 문화입니다. VIB 문화에 따라서 유아용품업계도 변화하고 있습니다. 좋은 품질을 강조하는 프리미엄 제품들이 많이 등장하고, 패션업계들은 명품 키즈 라인을 선보이고 있습니다. 다른 일반 브랜드 옷보다 훨씬 더 비싼 가격이지만 명품 브랜드 옷을 선호하는 부모들이 많기 때문입니다.

아이가 먹는 음식에도 돈을 아끼지 않습니다. 가격이 조금 더 비싸더라도 영양소가 충분히 갖춰져 있는지, 불필요한 첨가물이 들어가 있지는 않은지 꼼꼼하게 살펴서 구매합니다. 아이가 생활하는 공간, 사용하는 물건들 역시 하나하나 비교하여 최상급으로 구매하려고 합니다. 기업에서는 아이가 사용하는 의자, 책상, 책꽂이 등의 가구들에 다양한 옵션을 추가한 제품들을 선보이고 있습니다. 호텔에서도 아이가 중심이 되는 VIB 패키지 상품들을 출시 중입니다. 이처럼 다양한 산업 분야들에 VIB 문화가 스며들고 있습니다.

2. 그 많던 아이들은 어디로 갔을까?

오늘따라 이모의 한숨 소리가 더 크게 느껴집니다. 얼마 전 이모는 귀여운 동생을 출산했습니다. 정원이는 동생이 마냥 예뻐 행복한데, 이모는 아이를 키우는 데 필요한 돈이 만만치 않아서 고민입니다. 집을 살 때 은행에서 빌린 돈에 대한 이자, 교육비, 식비 등 돈 쓸 곳이 너무 많다고 합니다. 더군다나 이모와 삼촌 모두 회사를 다니면서 동생을 돌보느라 항상 지쳐 있습니다. 정원이는 동생이 얼른 커서 이모랑 삼촌이 힘들지 않았으면 좋겠다고 생각했습니다.

학급당 학생 수가 점점 줄어드는 이유는 단순하게 생각해 보면 그만큼 아이가 적게 태어나고 있기 때문일 것입니다. 출산율은 왜 점점 감소하고 있는 걸까요?

경제적인 어려움

한 아이가 태어나고 성장하는 과정에는 많은 돈이 필요합니다. 임신 기간 중 병원 검진비부터 시작해서 출산 후 입원비, 그리고 커가는 아이를 위한 옷, 음식, 안정적인 주거 공간이 필요합니다. 교육비, 아기 용품비 등 또한 마찬가지입니다.

특히 사교육이 활성화된 우리나라에서는 아이가 초등학교에 진학하기 전부터 사교육을 시작합니다. 자녀가 남들보다 뒤처질까 불안한 마음에서 시작한 사교육은 아이가 커갈수록 비용도 점점 더 커지게 됩니다. 이런 선택적인 비용이 아닌 살아가는 데 필수적인 의식주(옷, 음식, 집)에 해당하는 비용만 해도 엄청납니다.

그중에서도 가장 부담이 되는 것은 '주'에 해당하는 '집'입니다. 현재 일을 시작한 지 얼마 되지 않아 돈을 많이 모으지 못한 젊은 부부들은 집을 구하는 데 어려움을 겪고 있습니다. 몇 년 사이에 빠르게 오른 집값으로 인해 '내 집 장만'이 어려워진 청년들은 '부동산 블루(blue)'를 호소하기도 합니다. 부동산 블루는 부동산과 우울감을 뜻하는 블루(blue)를 합친 신조어입니다. 2020년 집값 상승률은 19년 만에 최고치를 보였습니다. 이로 인해 20~30대 청년들의 결혼과 출산에 대한 부담감이 커지고 있습니다. 이러한 경제적인 부담은 젊은 청년들이 아이 갖기를 주저하게 만드는 하나의 요인이 되고 있습니다.

워킹맘과 워킹대디

여러분, '워킹맘'과 '워킹대디' 중 어떤 단어가 더 익숙한가요? 워킹맘·대디의 뜻은 '워킹(일하는)', '맘(엄마)·대디(아빠)', 즉 일하는 엄마 아빠를 의미합니다. 워킹대디라는 단어보다는 워킹맘이라는 단어가 훨씬 더 자주 쓰이고, 워킹맘을 주제로 한 드라마나 영화도 많습니다.

왜 '일하는 아빠'가 '일하는 엄마'보다 익숙할까요? 통계청에 따르면 2022년 출산 양육기(35~39세)의 남성과 여성의 경제 활동 참여율은 각각 91.8%, 66.5%로 큰 차이를 보입니다. 20대에는 남성과 여성이 경제 활동

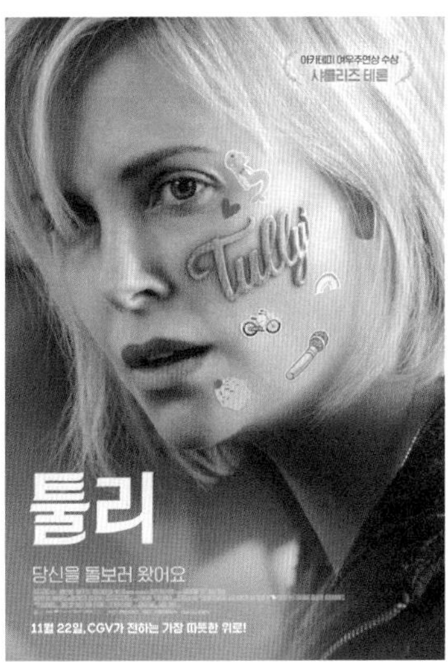

워킹맘을 주제로 한 영화들

에 참여하는 비율이 크게 다르지 않지만, 아이를 출산하고 양육하는 30대에 접어들면서 큰 차이를 보입니다. 출산과 육아로 인해 불가피하게 일을 그만두는 여성들이 많기 때문입니다. 이러한 여성들의 경우 경력이 단절되어 다시 회사에 취업하는 것에 어려움을 겪습니다. 재취업을 하더라도 월급이 적거나 정규직이 아닌 비정규직인 경우가 많습니다.

이처럼 임신을 하고 아이를 낳는 주체가 여성이고, 여성에게 책임이 치우쳐진 양육 문화로 인해 일과 가정을 양립하는 데 어려움을 겪는 여성들이 많습니다. 물론 과거에 비해 양육 문화가 많이 변해 여성과 남성이 양육에 있어 평등한 사회로 나아가고 있으나 여전히 출산 양육기의 여성에 대한 배려가 부족합니다. 여성들이 출산과 양육으로 인해 겪는 직업적인 불이익이 사라지고, 워킹맘이 행복한 사회가 되어야 여성들이 출산을 두려워하지 않을 것입니다.

여성만이 아니라 부부 모두가 출산을 주저하는 경우도 있습니다. 아이를 양육하기 위해서는 경제적인 비용과 부모로서 책임을 다하기 위한 다양한 노력이 필요합니다. 아이와 함께 많은 시간을 보내야 하고, 올바른 양육 방법에 대해 끊임없이 고민해야 합니다. 물론 부모가 되면 아이라는 큰 기쁨이 생기지만, 회사에서 퇴근하고 나면 '육아 출근'을 한다는 우스갯소리가 있을 정도로 아이를 키운다는 것은 엄청난 희생이 필요합니다.

이러한 부담에서 벗어나기 위해 결혼을 하더라도 아이를 낳지 않는 부부들이 생겨나고 있습니다. 딩크족(DINK, 자녀 없이 둘 다 일하는 부부), 펑크족(Poor Income No Kid의 앞 글자를 딴 낮은 소득으로 인해 아이를 갖기를 주저하는 부부)이 그 예시입니다. 아이가 주는 커다란 기쁨을 뒤로하고, 개인의 자유를 좀 더 누리려는 부부들이 점점 많아지고 있습니다.

나 혼자 산다

〈나 혼자 산다〉라는 프로그램 알고 있나요? 혼자 사는 1인 가구가 늘어나고 있는 현대 사회의 모습을 반영한 프로그램입니다. 혼자 사는 유명인들의 일상을 담고 있는데, 출연자들은 각양각색의 라이프 스타일을 보여줍니다.

여러분의 집을 한번 떠올려 보세요. 거실이나 화장실, 주방과 같은 공용 공간을 깨끗하게 사용하지 않아 함께 사는 구성원들에게 혼이 난 경험이 있나요? 반대로 여러분이 공용 공간이 지저분해 화가 난 적이 있나요? 여러 사람이 함께 사는 공간의 경우 고려해야 할 것이 많습니다. 그러나 혼자 산다면 좀 더 많은 자유가 주어지겠죠.

이 프로그램에는 청소를 제대로 하지 않아 어질러진 공간에서 사는 출연진도 있는 반면, 자신만의 방식으로 집을 예쁘게 꾸미고 규칙적인 생활 방식에 맞춰 사는 출연진도 있습니다. 다양한 1인 가구의 생활 모습을 보면서 혼자 살기 때문에 다른 사람의 눈치를 보지 않고 자유롭게 살 수 있겠다는 생각이 들기도 합니다. 결혼이 필수였던 과거와 달리 혼자 즐기는 삶을 꿈꾸는 청년들이 많아지고 있습니다. 결혼으로 인해서 겪게 될 경제적인 문제, 육아의 어려움, 책임져야 할 많은 것들 등으로 인해 비혼을 결심한 거죠.

나 혼자 사는 사람들을 타겟으로 하는 '싱글족 마케팅'도 성황을 이루고 있습니다. '혼밥(혼자 식사)'이라는 단어가 흔하게 쓰이고 소량으로 포장된 음식을 마트나 편의점에서 흔하게 볼 수 있습니다. 음식뿐만 아니라 소용량 전자제품들도 나오고 있습니다. 1인 가구는 계속해서 증가하는 추세입니다.

이렇게 다양한 이유로 우리나라의 인구는 계속해서 줄어들고 있습니다. 다른 나라의 합계출산율은 어떨까요? 보통 인구 유지에 필요한 합계출산율을 2.1명으로 봅니다. 국가별로 모두 다르지만 상당히 많은 나라의 합계출산율이 낮아지고 있습니다.

2021년 세계의 합계출산율은 2.32명으로 1970년에 4.83명이었던 것에 비해 2.51명 감소했습니다. 2021년 아프리카를 제외한 모든 대륙의 합계출산율은 세계 평균 합계출산율인 2.32명보다 낮습니다. 특히 1970년과 2021년을 비교했을 때, 아시아(−3.65명), 라틴아메리카(−3.32명), 아프리카(−2.4)에서 합계출산율이 2명 이상 감소했습니다.

1인 가구를 위한 밀키트 광고

세계와 한국의 합계출산율

합계출산율(명)			
	1970년	2000년	2021년
세계	4.83	2.73	2.32
아프리카	6.71	5.18	4.31
아시아	5.59	2.57	1.94
유럽	2.28	1.42	1.48
라틴아메리카	5.19	2.61	1.86
북아메리카	2.45	1.99	1.64
오세아니아	3.56	2.45	2.15

출처: 통계청, 2022

한국은 저출생 문제를 겪는 국가들 중에서도 가장 심각합니다. 2020년 기준 한국의 합계출산율은 0.84명입니다. 이는 OECD(경제협력개발기구) 회원국 평균(1.59명)의 반에 미치는 수준입니다. 2021년에는 0.81명으로 더 감소했습니다. OECD 회원국 중 역대 가장 낮은 수치이며 OECD 최초로 합계출산율 0.85명 미만의 기록을 가진 국가가 되었습니다.

합계출산율 감소는 우리나라 전체에 큰 영향을 미칩니다. 영국의 작가이자 인구학자인 폴 월리스는 급격한 인구 고령화의 파괴력이 규모 9.0 대지진에 가깝다는 의미에서 '인구 지진'이라는 용어를 만들었습니다. 우리나라에서 역대 최대 규모의 지진이었던 2016년 경주 지진 규모가 5.8이었던 것을 생각하면 규모 9.0 지진은 어마어마하게 큰 지진입니다. 그만큼 저출생으로 인한 인구 고령화의 파괴력이 엄청나다는 것이겠죠.

인구 지진이라는 말처럼 일할 수 있는 생산인구(15~64세)는 감소하고 고령인구(65세 이상)만 늘어날 경우, 생산인구가 부담해야 하는 부양비는 감당하기 어려운 수준까지 도달할 수 있습니다. 통계청은 생산인구 100명이 부양해야 하는 인구가 2020년 38.7명에서 2070년에는 116.8명까지 증가할 것으로 예측하고 있습니다. 2070년에 통계청이 상황이 그대로 펼쳐진다면 생산인구가 고령인구를 부양하는 데 한계에 부딪히게 되겠죠. 그렇다면 어떻게 이 문제를 해결하면 좋을까요?

3. 한 아이를 키우기 위해서는 온 마을이 필요하다

정원이네 삼촌은 결국 아이를 키우기 위해 회사에 1년 동안 육아휴직을 신청했습니다. 육아휴직을 신청하면 일을 하지 않아도 월급을 받으면서 육아를 할 수 있다고 합니다. 육아가 처음이라 고민이 많던 삼촌은 동네에 있는 공동 육아 나눔터를 알게 되었습니다. 어린 아이를 키우는 부모들이 모여서 함께 육아 고민도 나누고, 나눔터 내에 있는 놀이 공간도 이용합니다. 아이들을 대상으로 다양한 교육 프로그램도 많이 진행되어서 삼촌은 잠시나마 육아에서 해방될 수 있습니다. 육아가 막막했던 삼촌은 이곳에서 많은 도움을 받고 힘을 얻었습니다.

"한 아이를 키우기 위해서는 온 마을이 필요하다."라는 말을 들어본 적 있나요? 아프리카의 속담인데 한 아이를 키우는 것은 한 가정만의 책임이 아니라 마을 전체가 관심과 애정을 갖고 함께 키워야 한다는 뜻입니다.

아이들이 행복한 사회가 건강한 사회라는 연구 결과들이 있듯이 모든 아이들이 행복하게 성장할 수 있도록 돕는 것은 어른들의 기본적인 의무입니다.

이것은 약 100년 전 방정환 선생님께서도 1923년 5월 1일 '어린이날 선언문'에서 말씀하셨습니다. "어린이를 내려다보지 마시고 쳐다봐 주시오. 어린이에게 경어를 쓰시되 늘 부드럽게 해 주시오. 이발이나 목욕 같은 것을 때맞춰 해 주시오. 잠자는 것과 운동하는 것을 충분히 하게 해 주시오. 산보와 원족(소풍) 같은 것을 충분히 하게 해 주시오. 어린이를 책망할 때는 쉽게 성만 내지 마시고 자세히 타일러 주시오. 어린이들이 서로 모여 즐겁게 놀 만한 놀이터나 기관 같은 것을 지어 주시오."

2022년에는 '어린이날'이 100주년을 맞았습니다. 방정환 선생님이 말씀하신 것처럼 아이들이 행복한 어른으로 성장하기 위해서는 아이들에게 기본적인 의식주를 제공하는 것뿐만 아니라 아이들을 인격적으로 존중해야 하고, 안전한 교육 환경을 제공해야 합니다. 가정에서는 자녀의 의사를 존중하고, 자녀와 충분한 소통을 나누고, 자녀가 편안하게 생활할 수 있도록 힘써야 합니다. 마을과 정부기관은 힘을 합쳐 어린이들을 위한 놀이 공간, 교육기관들을 설립하는 것이 좋겠죠. 가정, 마을, 나라가 연계하여 모든 아이들이 행복하게 성장할 수 있도록 관심과 애정을 갖고 살피기를 희망합니다.

돌봄 품앗이

과거 농경 사회에서는 마을 안에서 서로 도움을 주고받는 일이 자연스러웠습니다. 이웃이 힘든 일이 있을 때 앞장서서 도와주고, 내가 힘든 상황일 때는 그들이 도움을 주는 '품앗이'가 이루어졌습니다. 품앗이는 일을 의미하는 '품'과 앗아온다(가져온다)는 뜻의 '앗이'가 합쳐진 단어로, 일을 해 준 것만큼 다시 앗아온다는 말입니다. 농사일로 바빠 아이를 돌보기 어려울 때면 내 아이, 남의 아이 가릴 것 없이 함께 양육하는 공동 육아가 이루어졌습니다.

이러한 육아 공동체는 급격한 도시화, 산업화로 인해 붕괴되었습니다. 도시화가 진행되면서 높은 층의 아파트에 사는 사람들이 많아졌습니다. 아파트는 집집마다 현관문을 닫고 생활하며 이동 시 엘리베이터를 이용해 바로 자신이 살고 있는 층으로 가기 때문에 이웃 간의 만남이 이루어지기 어렵습니다. 또한 각자 일하는 곳, 일하는 시간, 일하는 방식이 모두 다르기 때문에 이웃 간의 교류가 더욱 줄어들었습니다. 그러다 보니 과거 함께 육아하던 문화는 사라지고, 오롯이 한 가정 안에서 출산과 육아가 이루어지고 있습니다. 육아를 해 본 적이 없는 부부들은 처음 겪는 상황에 진땀을 흘리기도 하고 육아 과정에서 많은 어려움을 겪습니다. 이런 가족들을 위해 현대 사회에서도 다양한 제도들이 생겨나고 있습니다.

먼저 '공동 육아 나눔터'를 통해서 과거의 돌봄 품앗이가 다시 부활했습니다. 공동 육아 나눔터에서 양육자들은 함께 모여 육아 정보를 나눌 수 있습니다. 육아가 서툰 부모들은 이곳에서 조언과 용기를 얻습니다. 양육자들이 육아 정보를 나누는 동안 아이들은 안전한 놀이 공간에서 장난감, 도서 등을 가지고 놀면서 시간을 보냅니다. 이뿐만 아니라 과학, 미술, 요리 등 다양한 교육 프로그램을 운영하며 양육자들의 부담을 덜어 주고 있습니다.

최근에는 아파트 주민 공동시설이 공동 육아를 위한 공간으로 바뀌고 있습니다. 단지 내에 있는 국공립 어린이집, 아이들이 놀 수 있는 실내 놀이터 등 육아에 도움을 줄 수 있는 공간이 그 예시입니다. 이웃 간의 교류를 통해 좀 더 수월하게 양육을 할 수 있도록 다양한 기관들에서 노력하고 있는 거죠.

그리고 2022년부터 서울에서는 영유아 부모 간 육아 모임을 지원하는 '공동육아 지원 사업'을 처음으로 시작했습니다. 총 200개의 육아 모임에

김해 육아 나눔터 활동 모습
출처: 김해시

활동비와 육아 전문 서비스를 제공하는 사업입니다. 지원 대상으로 선정될 경우 활동비를 받고, 이것을 간식비나 교육 재료비, 강사비 등으로 사용할 수 있습니다. 또한 심리, 양육 전문가의 육아 상담을 받을 수 있는 육아 전문 서비스도 제공한다고 합니다. 이렇게 지자체에서 육아 모임을 활성화한다면 개인이 갖게 되는 육아에 대한 부담을 조금이나마 덜 수 있지 않을까요?

출산장려 제도

2021년 우리나라는 OECD 회원국 중 가장 낮은 출산율을 기록했습니다. 이에 따라 정부 역시 출산을 장려하기 위해 다양한 정책들을 내세우고 있습니다. 그중 가장 많이 알려진 제도는 '출산휴가 제도'와 '육아휴직 제도'입니다.

출산휴가 제도란 임신 중인 여성의 경우 근로자기준법 제74조 '임신부의 보호'에 따라 출산 전과 후를 합하여 90일의 휴가를 쓸 수 있게 한 제도입니다. 아이를 낳기 전 임신부를 보호하고, 아이를 낳은 후 여성이 충분히 몸을 회복시킬 수 있도록 배려해 주는 거죠.

놀랍게도 출산휴가는 조선시대에도 존재했습니다. 고려 말기, 조선을 건국하는 데 큰 공을 세운 정도전은 조선 왕조의 기틀을 세우기 위해 나라를 다스리는 기본적인 법들이 담긴 『조선경국전』을 집필했습니다. 조선시대는 농업 중심의 사회였기에 농사 일을 하기 위해 많은 사람들이 필요했습니다. 이에 따라 백성들은 아이를 많이 낳았습니다. 백성의 수가 국력

과도 관련이 있었기 때문에 정도전은 백성의 중요성을 강조했습니다. 『조선경국전』에는 현재의 출산휴가 제도와 유사한 내용이 실려 있습니다.

조선시대가 엄격한 신분제 사회였음에도 불구하고 출산휴가는 신분과 상관없이 주어졌습니다. 궁궐이나 관아에서 일하는 노비들도 아이를 출산했을 때 출산휴가를 받았습니다. 그러나 그 기간이 7일로 매우 짧았습니다. 몸을 회복할 만큼 충분한 휴식을 취하지 못해 죽는 노비들이 많았다고 합니다. 이를 안타까워하던 세종대왕은 7일이었던 출산휴가를 100일로 늘렸습니다. 이는 『조선왕조실록』 1426년 기록에 나옵니다. 그리고 1430년 기록에는 출산 한 달 전부터 일을 쉬도록 했다는 내용이 나와 있기도 합니다.

더 놀라운 것은 그로부터 4년 뒤 남편에게도 30일간의 출산휴가가 주어졌다는 것입니다. 산모가 건강을 회복할 수 있게 돕도록 남편에게도 휴가를 부여한 거죠. 이 제도는 지금의 배우자 출산휴가와 유사합니다. 현재도 배우자가 출산할 경우 남성도 10일간의 출산휴가를 갖습니다. 세종대왕이 참 어진 왕이었다는 생각과 동시에 다양한 출산 장려 정책들이 좀 더 많이 생겨났으면 하는 바람입니다.

다음은 육아휴직 제도입니다. 이 제도는 만 8세 이하 또는 초등학교 2학년 이하의 자녀를 양육하기 위해 부모가 일정 기간 휴직하며 급여를 받는 제도입니다. 일과 가정의 양립에 어려움을 겪는 부부들을 위해 만들어졌습니다.

육아휴직 제도는 1987년 처음 우리나라에 도입되었습니다. 도입 당시에는 여성만을 대상으로 했다가, 1995년 남성도 육아휴직을 할 수 있도록 개정되었습니다. 그러나 모든 사람들이 육아휴직 제도를 자유롭게 쓰지는 못했습니다. 직장에서 육아휴직을 사용하면 좋지 않은 시선을 받는 경우가 많았기 때문입니다. 육아휴직을 사용하는 여성이나 남성에게 직업상의 불이익을 주는 경우도 많았습니다. 육아휴직이 끝난 후 회사에 복직했을 때 원래 하던 업무와 관련이 없는 업무가 주어지거나 승진을 하는 데 어려움을 겪게 되는 등의 사례가 생기기도 했습니다.

현실이 이렇다 보니 육아휴직을 사용하고 싶어도 사용하지 못한 부부들이 많았습니다. 하지만 최근에는 육아휴직에 대한 사람들의 인식이 개선되면서 육아휴직을 사용하는 근로자의 수가 점점 늘어나고 있습니다. 정부 역시 육아휴직 제도에 대한 문제점을 파악하고 개선할 점을 찾아 보완 중입니다. 또한 육아는 엄마와 아빠가 함께하는 것이라는 양성평등 문화가 확산되면서 남성 육아휴직자 수 역시 늘어나고 있습니다. 2021년에는 전체 육아휴직자 중 24.1%가 남성이었습니다. 지금도 남성 육아휴직자는 전년 대비 계속 증가하고 있습니다.

과거 육아휴직을 신청하면 첫 3개월은 통상적으로 월급의 80%, 4개월 이후에는 50%를 지급했습니다. 월급이 반으로 줄어들다 보니 육아휴직 사용을 망설이는 부부들이 많았습니다. 월급이 줄어들어 어려움을 겪는 부부들을 위해 2022년부터는 4개월 이후에도 월급의 80%를 지급합니다. 육아휴직 제도를 통해 좀 더 많은 사람들이 행복한 육아를 할 수 있도록 지금처럼 제도가 계속해서 개선되어야 합니다.

이 외에도 정부에서는 다양한 금전적인 제공을 하기 위해 노력하고 있습니다. 예를 들어 2022년 1월 1일부터 새롭게 생긴 '첫만남 이용권'이라

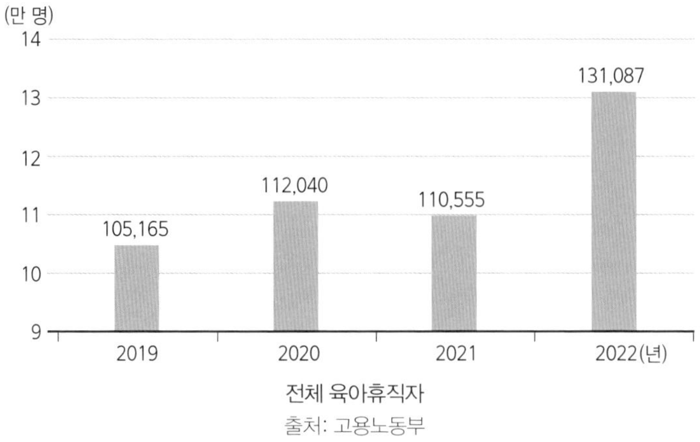

전체 육아휴직자
출처: 고용노동부

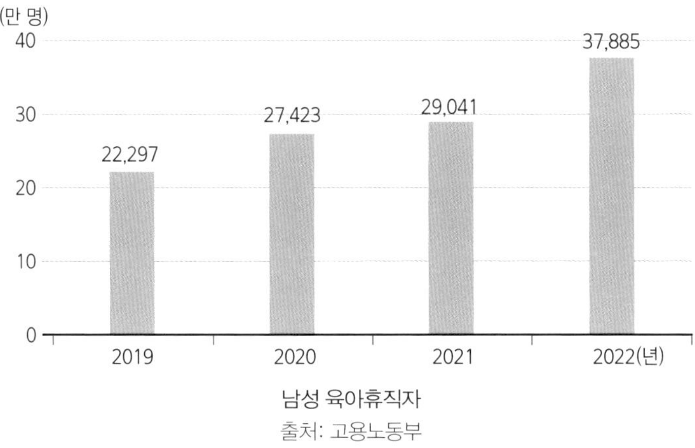

남성 육아휴직자
출처: 고용노동부

는 제도가 있습니다. 이름에서 알 수 있다시피 2022년 1월 1일 이후 출산한 임산부들에게 200만 원의 출산 지원금을 일시금으로 지급한다고 합니다. 임신 기간 중 병원 검진비뿐만 아니라 출산 후에 드는 분만 입원비, 산후조리비에 대한 부담을 줄여줄 수 있는 제도입니다. 정부 차원에서 지역 구분 없이 적용되는 제도이기 때문에 많은 사람들이 혜택을 받을 수 있을 것으로 예상됩니다.

2022년부터 임신 및 출산 의료비 지원도 더욱 확대되었습니다. 과거에도 임산부들을 위한 지원금으로 60만 원이 지급되었는데, 지금은 100만 원으로 인상되었습니다. 또한 영아수당, 아동수당의 지원 금액과 대상도 확대되었습니다. 이렇듯 많은 가정이 겪는 경제적인 어려움을 정부가 해결하기 위해 노력하고 있습니다.

또한 정부는 모든 아이들이 교육적으로 우수한 환경에서 성장할 수 있도록 나라에서 관리하는 국공립 어린이집, 유치원의 수를 늘릴 계획입니다. 2025년까지 국공립 어린이집과 유치원에서 보육하는 아동의 수를 전체 아동 수의 50%까지 확대하는 것이 목표입니다. 더불어 우수한 돌봄 서비스를 제공하기 위해서 국공립 어린이집 교사 한 명당 보육하는 아동의 수를 줄이고 마을 내의 다양한 자원을 활용하여 학부모가 만족할 수 있는 교육 환경을 만든다고 합니다. 아이를 안심하고 맡길 수 있는 돌봄시설을 국가가 나서서 확충해 주고 있으니 개인의 육아 부담이 줄어들기를 기대해 봅니다.

유모차가 아닌 유아차

아이를 낳고 기르기 좋은 사회가 되어야 더 많은 가정에서 아이를 출산할 것입니다. 육아휴직, 공동 육아 나눔터 등 다양한 정책들과 더불어 출산과 양육에 대한 인식 개선을 위한 제도들도 생겨나고 있습니다. 우리가 사용하는 단어들 중에서도 성차별적인 의미를 담고 있는 단어가 많습니다. 그런 단어들을 일상생활에서 자주 사용함으로써 우리는 차별적 요소에 무감각해집니다. 우리가 사용하는 말이 우리의 행동을 결정합니다. 그만큼 언어는 중요합니다.

여러분들은 '저출생(低出生)'과 '저출산(低出産)', 둘 중 어느 단어가 더 익숙한가요? 저출생이라는 단어가 조금은 어색하게 들릴 수도 있습니다. 저출산이라는 단어는 '여성이 아이를 적게 낳는다'는 뜻입니다. 이는 인구 문제의 책임이 여성에게 있는 것으로 오인될 소지가 있습니다. 시민들은 아

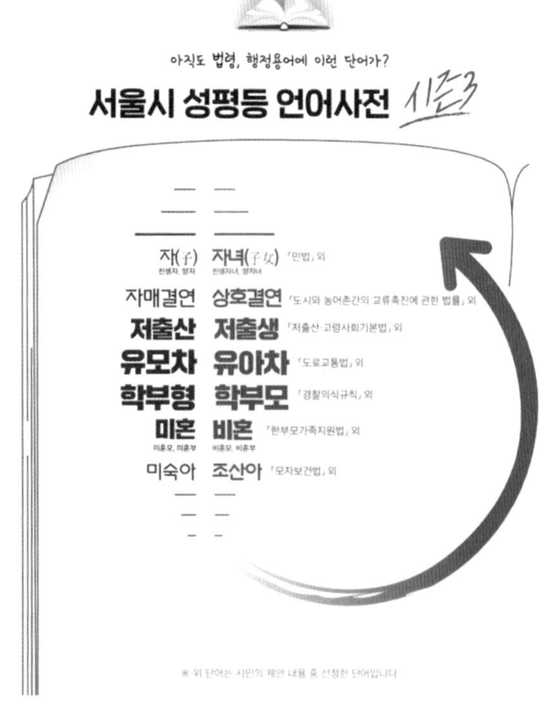

서울시 성평등 언어사전 시즌3 선정 언어 홍보물
출처: 서울시

이가 적게 태어난다는 의미를 담고 있는 저출생이라는 성평등 언어를 제안했습니다. 이렇게 시민들이 제안한 단어는 정책용어로 사용되면서 점점 바뀌고 있습니다.

서울시는 시민들과 함께 성차별적 표현을 찾아 개선하는 캠페인을 진행하고 있습니다. 우리가 흔히 사용하는 단어인 '유모차(乳母車)'에도 성차별적인 의미가 담겨 있다는 것을 알고 있나요? 유모차에는 '어미 모(母)'자가 쓰여 있습니다. 유모차는 여성만이 끌고 다니는 것이 아닌데, 육아에 대한 책임을 여성에게 지우는 의미를 담고 있습니다. 유모차 대신 유아가 중심이 되는 '유아차(乳兒車)'라는 단어를 사용하는 건 어떨까요? 우리 주변을 살펴보면 여전히 성차별적 의미를 담고 있는 단어들이 많이 사용되고 있습니다. 여러분들이 먼저 사용하는 언어를 바꾸면 주변이 변화하고, 사회가 변화할 것입니다.

결혼식 없는 결혼

결혼식은 두 사람이 부부가 되었음을 알리는 예식입니다. 결혼을 하는 두 사람이 주인공이 되어야 하는 결혼식이지만, 과거에는 집안 행사로서의 의미가 강했습니다. 남들보다 더 화려하고, 성대한 결혼식을 진행하기 위해 많은 비용을 지불하는 것이 흔한 일이었습니다. 결혼 생활을 시작하기 전부터 결혼이라는 큰 금전적인 장벽이 가로막다 보니, 결혼을 미루는 사람들이 늘어났습니다. 여성이 임신을 하고 출산을 할 수 있는 연령은 정해져 있기 때문에 너무 늦은 나이에 결혼을 하는 경우 출산이 어려워집니다. 해마다 결혼 건수는 줄어들고, 결혼을 하는 나이는 높아지고 있으며 출생아 수는 줄어들고 있습니다.

최근 들어 허례허식과 과소비를 줄인 합리적인 '스몰웨딩'이 유행입니다. 스몰웨딩이란 정말 친한 지인들만 하객으로 초대해서 소소하게 진행하는 결혼식을 뜻합니다. 유명 연예인들도 예식장이 아닌 장소에서 적은 수의 하객만을 초대하는 스몰웨딩을 선택해 화제가 되었습니다.

스몰웨딩 열풍은 결혼을 앞둔 커플들의 결혼식 비용에 대한 부담감을

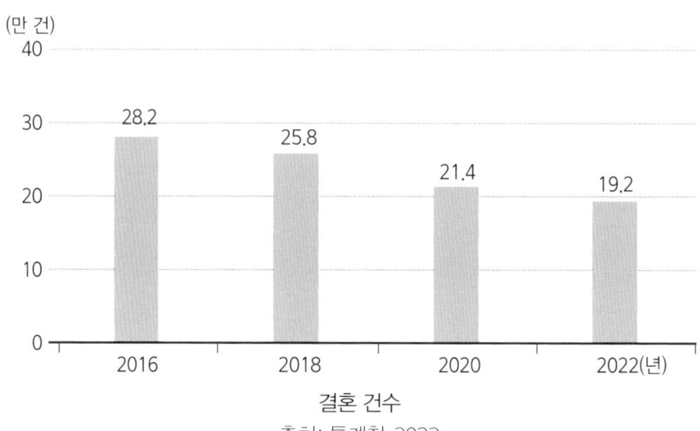

결혼 건수
출처: 통계청, 2023

출생아 수
출처: 통계청, 2023

크게 줄여줍니다. 많은 지방 자치 단체들에서도 스몰웨딩 무료 지원 사업들을 앞다투어 진행하고 있습니다. 서울시에서는 2017년부터 '작은 결혼식'이라는 이름의 야외 결혼식을 운영하고 있는데, 2022년부터는 '그린웨딩'으로 명칭을 바꿨습니다. 서울시는 월드컵공원, 남산, 용산가족공원 등 서울 소재 장소들을 무료로 대관해 주고 있습니다. 결혼식은 일회용 꽃장식 사용을 줄이고 다회용기를 사용하는 등 친환경적으로 진행됩니다. 주례와 폐백은 생략되고 웨딩 사진 역시 부부가 스스로 촬영하기 때문에 불필요한 비용을 크게 줄일 수 있다는 장점이 있습니다. 변화하는 결혼 문화 속에서 다시 한번 결혼의 진정한 의미를 생각해 보게 됩니다. 결혼에 대한 인식 변화는 저출생 문제 해결에 긍정적인 영향을 줄 것으로 예상됩니다.

육아하는 아빠

영화 〈인크레더블2〉에는 육아하는 아빠가 등장합니다. 결혼하고 세 아이를 낳고 기르는 동안 전업주부로 살던 엄마 '일라스티걸'은 일을 다시 시작합니다. 집을 비우게 된 엄마 대신 아빠가 세 아이의 양육을 담당하게 되었습니다. 예고편을 보면 막내 '잭잭'을 재우려고 책을 읽어주다가 아이보다 먼저 잠이 들어버리는, 눈 밑 다크서클이 짙게 내려앉은 아빠, 미스터 인크레더블의 모습이 나옵니다.

이렇듯 과거 미디어에는 주로 육아에 서툰 아빠의 모습이 등장합니다. 엄마는 집에서 육아와 살림을 하고, 아빠는 직장에서 일하는 모습이 고정된 성역할로 자리 잡고 있었기에 아빠가 육아하는 모습은 항상 서투르고

〈인크레더블 2〉 포스터

어색하게 비춰졌습니다.

그러나 변화하는 시대에 맞게 아빠의 역할도 변화하고 있습니다. 미디어에서도 아빠가 능숙하게 집안일과 육아를 하는 모습이 종종 등장합니다. 둘 다 일하는 맞벌이 부부의 경우 집안일과 양육을 부부가 함께 나눠 부담하는 가정이 많습니다. 더 나아가 엄마가 일하고, 아빠는 집에서 살림을 하는 가정도 생겨나고 있습니다.

통계청에 따르면 2021년 가사와 육아를 전담하는 남성이 19만 5,000여 명으로 약 20만 명에 달하는 것으로 밝혀졌습니다. 2019년에 15만 6,000명, 2020년 16만 3,000명에서 꾸준히 증가하는 모습을 보입니다. 즉 고정된 성역할에 따라서 가사, 육아를 맡는 것이 아니라 각자의 상황과 성향에 따라 역할을 분담하는 경우가 점점 더 많아지고 있다는 것이죠. 이에 따라 엄마들이 육아 정보를 공유하는 인터넷 '맘카페'처럼 아빠들이 육아와 살림 정보를 공유하는 카페들도 많이 생겨났습니다. 그러나 여전히 살림하는 아빠들에 대한 낯선 시선들 때문에 위축되는 경우가 많다고 합니다. 우리가 앞장서서 고정된 남녀 성역할을 타파하기 위해 노력한다면, 남성과 여성이 모두 행복하게 육아를 할 수 있는 사회가 되지 않을까요?

4교시

많아지는 노년층

1. 노인인구가 증가하고 있어요

청춘의 의미

〈20세기 소녀〉(2022), 〈그 해 우리는〉(2021), 〈나의 소녀시대〉(2016), 이 세 가지 작품에는 한 가지 공통점이 있습니다. 바로 '청춘'이라는 소재를 사용했다는 것입니다. 이 작품들처럼 청춘은 우리나라뿐만 아니라 해외에서도 영화나 드라마의 단골 소재로 등장합니다. 그만큼 사람들이 청춘이라는 소재에 관심이 많고 이 소재를 좋아한다는 것이겠지요.

우리에게 익숙한 청춘은 '푸를 청(靑)'과 '봄 춘(春)'이라는 한자를 사용합니다. 푸른 새싹이 돋아나는 봄이라는 뜻으로, 10대 후반에서 20대에 걸치는 시절을 의미합니다. 한마디로 청춘이란 인생에 있어 봄처럼 아름다운 젊은 시절을 뜻합니다.

청춘을 상징하는 나이는 고정된 것이 아니라 시대에 따라 달라졌습니

다양한 청춘물 포스터

다. 여러분은 '이팔청춘'이라는 말을 들어본 적이 있나요? 어디서 들어봤을 수도 있고, 처음 들어보는 말일 수도 있습니다. 숫자 2와 8을 곱하면 16이 나오죠. 이팔청춘이란 16살 무렵이 인생에 있어 청춘이라는 말입니다. 왜 많고 많은 숫자 중에 16이라는 나이를 콕 집어 청춘이라고 했을까요? 그 이유는 조선시대 소설인 『춘향전』에서 주인공인 춘향이와 몽룡이가 만났던 나이가 16살이었기 때문입니다.

조선시대에서 16살은 배우자를 만나 혼인할 나이였습니다. 반면, 우리가 살고 있는 시대에서 16살은 중학생으로 열심히 공부하고 있는 나이입니다. 이렇듯 나이의 숫자만 같을 뿐, 삶의 모습은 확연히 다릅니다. 춘향이와 몽룡이가 살았던 시대에서는 16살을 청춘이라고 했지만, 요즘은 16살 중학생을 가리켜 청춘이라고 하기에는 이른 감이 있습니다. 100세 시대라고 부르는데 10대 후반에서 20대까지만 청춘으로 여기는 것은 조금 아쉬운 일이죠.

그래서 최근에는 청춘이란 어떠한 나이대를 뜻하기보다 자신의 마음가

짐에 달려 있다고 말합니다. 각종 매체에서 "내 마음은 아직 청춘이야.", "앞으로 살아갈 남은 인생 중 오늘이 가장 젊으니까, 지금은 청춘이다!", "인생은 60부터야!", "나이는 숫자에 불과해."라는 말이 나오고, 또 "내 나이가 어때서"라는 노래도 유명합니다. 이렇듯 인생에 있어 나의 젊고 아름다운 순간은 단순히 어떠한 숫자로 제한할 수 없습니다. 지금은 60세도 당당히 청춘이라고 말할 수 있는 시대이며, 과거에 비해서 청춘을 상징하는 나이의 폭이 아주 넓어졌습니다.

한편 최근에는 '현대 나이 계산법'이 등장했습니다. "내 나이×0.8=진짜 나이"라는 것입니다. 전체인구에서 차지하는 비율이 50여 년 전 68세 사람들과 요즘 85세 사람들이 비슷해지면서 이런 계산법이 등장했습니다. 예를 들어 실제 나이가 65세인 사람이 현대 나이 계산법으로는 52세가 되는 것입니다.

또한 요즘 30대는 과거의 30대보다 훨씬 더 젊어 보입니다. 아이돌 그룹 멤버가 서른 살이 넘어도 어색하게 느껴지지 않습니다. 비슷한 맥락으로 할머니와 손녀가 외출했을 때, 아이와 함께 있는 사람이 할머니인지 엄마인지 헷갈리는 경우가 있습니다. 60대분들도 40~50대처럼 보이기 때문입니다.

현재 우리나라에서는 65세 이상을 '노인'이라고 부릅니다. 그런데 종종 주변 어른들을 보면 '노인이라고 부르기엔 이른 게 아닌가?' 싶을 때가 있습니다. 흔히 생각하는 노인의 이미지가 아니기 때문이죠. 나이에 비해 워낙 동안이셔서, 노인이라고 불렀을 때 실례가 될 수도 있겠다는 생각이 들기도 합니다. 이처럼 나이에 상관없이 자신의 삶을 열정적으로 가꾸어 나가는 사람이라면 누구든지 청춘이라 부를 수 있지 않을까요?

인간의 수명이 늘어난 요인들

그럼 우리는 왜 과거에 비해서 더 젊어 보이고 오래 살 수 있게 되었을까요? 그 이유는 크게 두 가지로 정리할 수 있습니다.

첫 번째 요인은 영양상태의 개선입니다. 과거에는 지금처럼 먹을거리가 풍부하지 않았습니다. 혹시 조선시대의 밥그릇을 본 적이 있나요? 지금 우리가 사용하는 밥그릇보다 훨씬 더 큰 그릇을 사용했습니다. 게다가 그 그릇에 밥을 한가득 담아 먹었다고 합니다. 예전에는 주로 밥과 채소 위주의 식단으로 식사했기 때문입니다. 이마저도 가뭄이나 홍수로 흉년이 들면 먹을 양식이 없어 굶주려야 했습니다. 그러나 요즘은 밥 이외에도 먹을거리가 아주 많아지면서 자연스레 밥그릇 크기가 작아졌습니다.

이것은 첨단 기술이 발달하면서 농작물의 수확량이 크게 늘어난 덕분입니다. 기계와 로봇, 각종 기술이 도입되면서 같은 면적의 땅에서 더 많은 농작물을 수확할 수 있게 되었습니다. 자동으로 습도와 온도를 조절해 주는 비닐하우스는 물론, 사람 대신 익은 파프리카만 쏙쏙 골라서 수확해 주는 로봇까지 생겨났습니다.

교통과 통신의 발달도 우리의 영양 상태에 도움을 주었습니다. 우리나라에서도 바나나를 사기 어려웠던 시절이 있었습니다. 지금은 마트에 가면 365일 볼 수 있는 게 바나나인데 말이죠. 1980년대에는 슈퍼에서 바나나를 한 송이가 아닌 한 개씩 팔았다고 합니다. 불과 얼마 전이라는 게 놀

김홍도의 〈새참〉 속 밥그릇의 크기
출처: 한국데이터베이스산업진흥원

랍지 않나요? 요즘에는 무역 시장이 활발해지면서 항공과 선박을 통해 여러 나라에서 온 식재료를 쉽게 먹을 수 있습니다. 마트에 가면 언제든지 필리핀 망고와 노르웨이 연어를 살 수 있습니다.

두 번째 요인은 의료 기술의 발달입니다. 항생제와 백신이 등장하면서 인류의 역사는 크게 바뀌었습니다. 과거에는 '천연두' 같은 전염병 때문에 사망하는 사람들이 많았지만, 현재는 천연두를 심각한 병이라고 생각하지 않습니다.

'에이즈'라는 질병 역시 사람을 사망하게 만드는 심각한 병이었습니다. 새로운 약이 개발되면서 요즘 에이즈는 장기적인 생존이 가능한 질병이 되었습니다. 또한 과거에는 어린 아이들이 소아마비에 걸리면 치료 방법이 없어 일찍 죽었습니다. 그런데 소아마비 백신이 개발된 후에는 영유아 사망률이 훨씬 줄어들었습니다.

인류가 발견한 가장 위대한 약이라고 불리는 '페니실린'에 대해 들어본 적 있나요? 페니실린은 우연히 푸른 곰팡이에서 발견된 최초의 항생제입니다. 항생제란 감염을 치료하는 약물을 말하는데요. 이 항생제의 등장으로 인류의 사망자 수가 달라졌습니다. 이전까지는 상처를 통해 세균이 우리 몸속으로 들어오면 목숨을 잃는 일이 많았습니다. 그러나 페니실린이 발견된 이후로 상처가 감염으로 이어지지 않게 치료할 수 있습니다.

이와 마찬가지로 지금 우리 주변에 있는 여러 가지 백신들이 우리를 질병으로부터 지켜주고 있습니다. 대표적으로 자궁경부암 백신, 코로나19 백신 등이 있습니다. 이러한 요인뿐만 아니라 근로 시간 단축, 여가 시간 증가, 꾸준하고 다양한 운동 등으로 우리는 더 건강하고 오래 살 수 있게 되었습니다.

점점 사라지는 환갑잔치

아윤이는 지금 가족들과 할아버지 생신 선물을 사러 가는 중입니다. 운전하고 계신 아윤이의 아빠께서 말씀하십니다. "여보, 아버지 선물로 뭘 사면 좋을까요?" 잠깐 고민하시던 엄마께서는 "아버님 골프 좋아하시니까 골프 관련 용품 어때요? 아버님 환갑잔치도 안 하셨는데, 이번에 우리가 좋은 선물 드려요."라고 말씀하십니다. 부모님의 대화를 듣고 있던 아윤이는 궁금증이 생겨 질문합니다. "그런데 할아버지는 왜 환갑잔치를 못 하셨어요? 할아버지 속상했겠다." 아윤이의 말을 들은 부모님께서는 웃음을 터트리십니다. "아이구, 우리 아윤이, 어쩜 이리 생각하는 게 귀여울까! 환갑잔치를 못 하신 게 아니고 안 하셨던 거야. 이따가 할아버지랑 저녁 먹을 때 아윤이가 직접 여쭤봐."라고 아빠께서 말씀하십니다.

아윤이네 가족은 할아버지 생신 선물을 신중히 고르고 나서, 저녁을 먹으러 식당에 도착했습니다. 케이크에 초를 꽂고, 생신 축하 노래를 열심히 불렀습니다. 할아버지가 촛불을 후 하고 끄실 때 아윤이는 준비한 선물을 슬쩍 드립니다. "할아버지 생신 축하드려요! 할아버지 골프 좋아하시는 거 알고 엄마 아빠랑 셋이서 같이 골랐는데, 마음에 드셨으면 좋겠어요." 할아버지는 오늘 받은 선물을 가지고 얼른 골프 치러 가고 싶다고 하십니다. 그때, 아윤이는 잠시 잊고 있었던 질문이 떠올랐어요. "할아버지, 환갑잔치 왜 안 하셨어요? 하면 좋은 거 아니에요?" 할아버지는 이렇게 말씀하십니다. "옛날이야 가족, 친척, 지인들 부를 수 있는 사람을 모두 불러서 환갑잔치를 하는 게 당연했지만, 요즘에는 잔치 없이 가족끼리 모여서 맛있는 밥을 먹지. 환갑 때 손님 부르는 것도 민망해. 이제는 칠순, 팔순, 구순은 되어야 해. 나는 아직 너무 어려. 아기야 아기." 할아버지의 말을 들은 아윤이네 가족 모두 웃음을 터뜨렸습니다.

위에 나온 아윤이네 일화를 보면 알 수 있듯이 환갑잔치에 대한 생각이 달라지고 있습니다. 조선시대에는 사람이 태어나서 61살이 되면 장수했다는 기쁨이 아주 컸습니다. 조선의 역대 왕 27명 중에 환갑을 넘긴 왕은 6명에 불과합니다. 일반 백성들은 환갑을 넘기는 게 더욱 어려운 일이었지요. 따라서 그 기쁨을 많은 사람과 나누기 위해 환갑잔치를 크게 열었습니다. 그런데 요즘에는 61살을 넘기는 게 과거처럼 어려운 일이 아닙니다. 선생님의 할머니만 하더라도 일흔이 되셨을 때 가족, 친지만 모여서 칠순잔치를 작게 열었습니다. 언젠가 70세를 당연히 넘기는 사회가 된다면 칠순잔치 문화도 점점 옅어질 것입니다. 그때는 80, 90세는 되어야 장수했다는 잔치를 할 수 있을지도 모릅니다. 그래서 '60대 청춘, 90대 환갑'이라는 말이 나온 것이죠.

2. 어서와, 초고령 사회는 처음이지?

일하고 싶은 유능한 노인

모델은 예쁘고 잘생긴 젊은 사람들만 할 수 있는 걸까요? 요즘에는 아닙니다. 은퇴하신 60~70대도 시니어 모델로 활동하고 계십니다. 처음부터 이런 일이 가능했던 건 아닙니다. 노인이라고 하면 흔히들 늙고 힘없는 모습을 떠올리기 쉽습니다. "노인이 모델을 한다고? 제대로 걸으실 수나 있겠어?"라고 우려하는 사람들도 있습니다. 그러나 나이가 들어도 꾸준한 자기 관리를 통해 건강한 시니어 모델들이 등장했습니다. 이들은 "나이는 숫자에 불과해! 나는 이렇게나 건강하고 힘이 있는데?"를 보여 주고 있습니다. 이제부터는 유능하기 때문에 일하고 싶고, 일하기 때문에 유능한 두 분을 소개하려고 합니다.

먼저 앤 해서웨이가 젊고 유능한 패션 회사 CEO인 줄스로 등장했던 영화 〈인턴〉을 본 적 있나요? 수십 년의 업무 경력이 있는 퇴직한 70세 벤 할아버지가 패션 회사에서 줄스의 보조 인턴으로 일하는 이야기입니다. 처음에 벤 할아버지는 노인이라는 이유로 업무를 받지 못하고, 다른 직원들과도 어울리지 못했습니다. 하지만 좌절하지 않고 자신의 경험을 살려 자신만이 할 수 있는 일을 하기 시작했습니다. 결국 줄스는 그런 벤 할아버지를 인정했고, 둘은 업무를 함께 수행하며 고민도 나누는 좋은 파트너가 되었습니다.

이 영화가 우리에게 시사하는 바는 크게 두 가지입니다. "노인도 일하고 싶어 한다."와 "노인도 일을 잘할 수 있다."입니다. 만약에 나는 일을 하고 싶고, 일할 수 있다고 생각하는데 주변 사람들이 일을 못 할 거라고 단정 지어 버리면 어떨까요? 주변 친구나 어른에게 "너는 못 해. 못할 거야."라는 말을 들으면 속상하겠죠. 노인도 다르지 않습니다.

영화 〈인턴〉에서처럼 우리가 노인에게 배울 점은 많습니다. 노인에 대한 편견을 버리고, 노인을 긍정적으로 바라보는 시선이 사회 전반에 자리 잡아야 합니다. "너 인생 2회차 사는 사람 같다?"라는 말은 어린 나이임에도 성숙한 사람에게 주로 사용합니다. 노인에게 배우는 삶의 지혜는 인생 2회차를 살 수 있는 속성 과외라고도 생각할 수 있습니다. 그들의 조언은 우리가 살아가면서 만나는 크고 작은 선택들 앞에서 조금 더 지혜로운 선택을 하도록 도와줍니다.

다음으로는 윤여정 배우입니다. 모델과 마찬가지로 배우라는 직업도 주로 예쁘고, 잘생기고, 젊은 배우가 주목받았습니다. CF를 어떤 연예인들이 찍는지만 봐도 알 수 있죠. 그런데 '핫'한 스타만 찍을 수 있다는 모바일 쇼핑몰 앱 모델로 윤여정 배우님이 선정되었습니다. 어떻게 된 일일까요?

그 이유는 바로 〈미나리〉라는 영화입니다. 이 영화는 한국을 넘어 전 세계의 관심을 받았고, 윤여정 배우는 한국 배우 최초로 오스카 시상식에서 여우조연상을 받았습니다. 70대 배우도 여배우로서 얼마든지 훌륭한 연기를 할 수 있고, 연기로 사람들에게 힘과 위로를 줄 수 있다는 것을 보여주었습니다. 나이가 들었다는 게 연기를 그만둘 이유가 되지 않았던 것입니다. 윤여정 배우는 중년을 넘어 노인의 나이가 된 여배우도 얼마든지 사람들에게 커다란 영향력을 줄 수 있는 생동감 넘치는 배우라는 걸 증명하였습니다.

위에서 말한 두 분은 '건강하고 활동적인 노인'이라는 공통점을 가지고 있습니다. 이렇게 적극적이고 활동적으로 삶을 살아가는 노인들을 '오팔족'이라고 부릅니다. 여기서 오팔(OPAL)은 'Old People with Active Life(활동적인 삶을 사는 노인들)'에서 앞 글자만 모은 단어입니다. 오팔족은 결정 하나에 거의 모든 보석의 색깔을 보여 주는 오팔처럼 우리 사회 속에서 다채롭게 빛나고 있는 존재입니다.

세대 갈등의 발생

여러분은 어렸을 때 혹은 지금, 할머니나 할아버지께서 돌봐주신 적이 있나요? 선생님은 부모님이 직장에 다니셔서 초등학교 4학년 때까지 할머니가 돌봐주셨습니다. 아침에 학교 가는 준비도 할머니께서 해 주시고, 학교 다녀오면 간식을 챙겨 주시고, 저녁도 챙겨 주셨습니다. 요즘 맞벌이 부부가 더 많아지면서 주변에서 할머니와 할아버지께서 손주를 돌봐주시는 모습을 흔하게 볼 수 있습니다.

이렇게 화목한 일만 있으면 참 좋을 텐데, 때로는 할머니 할아버지와 갈등이 생기기도 합니다. 누군가 여러분에게 "라떼(나 때)는 말이야."라고 말한다면 어떨 것 같나요? 경청할 수도 있고 잔소리처럼 들릴 수도 있습니다. 우리는 부모님, 할머니, 할아버지와 같은 시대를 살아가고 있습니다. 부모님 세대, 더 나아가 할머니 할아버지 세대는 우리와 전혀 다른 세상을 사셨습니다. 스마트폰이나 SNS가 없던 세상 말이죠. 청년들과 연장자들은 서로가 살아온 세상이 다르고, 경험한 세계가 다르기에 자신이 살아온 대로 세상을 바라보게 됩니다.

첫 번째는 편견에서 비롯하여 발생하는 갈등입니다. "내 말이 다 옳아."라고 편협하게 생각하여 다른 세대와 소통이 안 되는 것이지요. '꼰대'라는 말은 이미 워낙 유명해져서 모두 알고 있을 것입니다. 꼰대는 젊은 사람들의 생각을 존중해 주지 않고, 과거의 방식만이 옳은 방법이라고 주장하는 사람들을 말합니다. 이런 사람이 옆에 있다면 소통하기가 힘들겠죠.

반면에 어른들의 이야기는 구닥다리이고 재미없다며 무조건 듣지 않으려고 하는 젊은 사람들도 있습니다. 보통 인생을 조금 더 산 어른이 젊은 사람보다 더 많은 경험을 가지고 있습니다. 어른들은 자신이 경험했던 실수를 다음 세대는 하지 않기를 바라며 조언해 주려고 하는데, 무조건 듣지 않으려는 자세도 옳다고 할 수 없습니다.

두 번째는 노인 부양에 대한 부담이 증가하면서 발생하는 갈등입니다. 우리가 살아가는 데 필요한 것을 만드는 활동을 '생산 활동'이라고 합니다.

그리고 생산 활동이 가능한 15~64세에 해당하는 사람들을 '생산인구'라고 부른다고 했지요. 한 나라가 경제적으로 성장하기 위해서는 생산인구의 수가 많아야 합니다. 사회에서 생산 활동을 할 수 있는 사람이 많다면 경제 성장에 활력이 생기기 때문입니다. 반대로 일할 수 있는 인구가 줄어들면 국가적 차원의 경제적인 어려움이 발생하게 됩니다.

누군가의 삶을 돌본다는 것을 '부양'이라고 표현합니다. 생산인구는 고령인구와 유소년인구를 부양해야 합니다. 하지만 고령화, 고령, 초고령 사회로 갈수록 생산 활동을 할 수 있는 사람은 점점 줄어듭니다. 국민연금을 받아야 하는 노인의 수는 많아지는데, 납부하는 사람의 수는 줄어들고 있는 거죠. 따라서 부모님 세대보다 여러분이 부모님의 나이가 되었을 때 노인 부양 문제의 심각성이 더 크게 느껴질 것입니다.

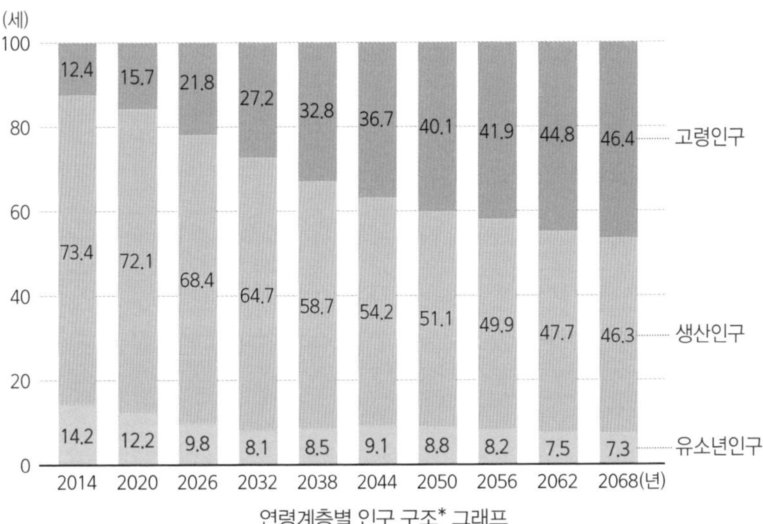

연령계층별 인구 구조* 그래프

출처: 통계청

주) 연령계층별 인구구조: 연령계층을 유소년인구, 생산연령인구, 고령인구로 나눈 비중

앞의 그래프를 살펴보면, 시간이 갈수록 파란색이 차지하는 비중은 커지고 노란색이 차지하는 비중은 작아지는 걸 알 수 있습니다. 파란색은 고령인구(65세 이상)를, 노란색은 생산인구(15~64세)를, 초록색은 유소년인구(0~14세)의 비중을 나타냅니다. 쉽게 말해 2070년이 되면 우리나라 인구의 절반 가까이가 65세 이상 노인이 될 거라는 전망입니다. 이에 따라 세계에서 노인을 돌봐야 하는 부담이 가장 큰 나라가 될 것이라는 걱정도 나옵니다.

세대 갈등이 문제가 되는 이유는 바로 갈등을 넘어서 자신이 속하지 않는 다른 세대를 혐오하는 단계로 나아갈 수 있기 때문입니다. 갈등이 혐오가 될 때, 우리는 그 사회를 결코 건강한 사회라고 말할 수 없습니다. 10대, 20대, 30대, 40대, 50대, 60대, 70대, 80대는 저마다 살아온 경험이 다르기에 같은 시대를 살고 있음에도 세상을 다르게 바라보고 있습니다. 따라서 여러 세대가 서로의 차이를 알아가고 이해하는 시간이 필요합니다.

노인 복지의 필요성

지윤이는 모처럼 주말에 신이 났습니다. 그 이유는 바로 할머니를 만나러 가기 때문입니다. 지윤이와 할머니는 사는 곳 중간 지점인 한 지하철역에서 만나기로 약속하였습니다. 그렇게 잔뜩 신이 난 지윤이는 콧노래를 부르며 지하철을 탔고, 얼마 지나지 않아 약속 장소에 도착했습니다. 반갑게 할머니를 만난 지윤이는 오시는데 힘드시지는 않았는지 할머니께 물어보았습니다. 할머니는 지윤이에게 이렇게 말했습니다.

"글쎄, 할머니가 부지런히 자기 관리를 해서 동안이어도 말이지! 내 나이가 몇인데, 나보다 나이가 많아 보이는 어떤 할아버지가 나타나서 나에게 왜 노약자석에 앉아 있냐고 계속 화를 내는 거야. 그래서 나도 65세 이상이 돼서 노약자석에 앉을 수 있다고 말했지. 그런데도 그 할아버지는 나에게 나이를 못 믿겠으니 노약자석에서 비키라고 하는 거야. 그래서 일단 자리를 양보하기는 했는데, 노약자석이 턱없이 부족해지니 이런 일도 생기네."

지윤이는 할머니의 이야기를 듣고, 지하철에서 서서 오셨을 할머니가 걱정되면서 동시에 사회 시간에 배운 대로 노인인구가 많아지고 있음을 실감했습니다. 할머니를 무척 사랑하는 지윤이는 앞으로 노인들이 지하철뿐만 아니라 버스 등 대중교통에서 노약자석에 앉기가 점점 더 어려워지겠다고 생각했습니다.

위 이야기처럼 노인인구가 대중교통이나 생활시설을 이용하는 데 불편함이 생기고 있습니다. 이용할 수 있는 시설의 수는 적은데 매년 노인의 수는 증가하기 때문이지요. 서울 강북구에는 노인들이 야외에서 쉴 수 있는 '할머니 쉼터'라는 곳이 있습니다. 하루에 찾는 인원만 20~30여 명이지만, 최근 할머니 쉼터를 놓고 철거 논란이 생기기도 했습니다. 공원 부지에 세운 불법시설이며, 일부 주민들이 시끄럽다는 이유로 민원을 제기했기 때문입니다.

또한 독거노인 문제도 심각합니다. 65세 이상 노인인구 중 배우자 없이 혼자 살아가는 노인을 '독거노인'이라고 부릅니다. 우리나라 독거노인의

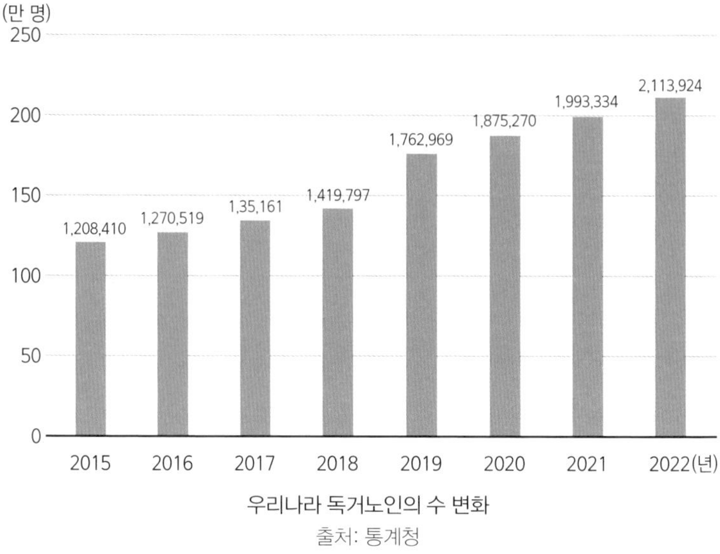

우리나라 독거노인의 수 변화
출처: 통계청

수는 매년 증가하고 있습니다. 이들은 혼자 삶을 이어 나가야 하기 때문에 사회적으로 고립되어 있다는 느낌을 많이 받습니다.

최근 노인이 홀로 죽음을 맞는 '고독사'는 심각한 사회 문제 중 하나입니다. 왜 이런 일이 생기는 걸까요? "나이가 들면 몸도 아프고, 곁에 함께 있어 줄 사람도 없어 더 외로워."라는 말처럼, 독거노인에게 가장 힘든 점은 대화할 사람이 없거나 부족하다는 것입니다. 다양한 신체적 질환과 외로움 등의 정서적인 문제는 우울증을 불러일으키기도 합니다.

또한 이들은 은퇴 후 일자리를 구할 수 없어 경제적으로 어려움을 느낍니다. 실제로 고독사로 사망한 노인의 80%가 경제적 빈곤에 시달리고 있었다고 합니다. 우리나라에서도 빈곤 문제를 해결하기 위해 기초연금 제도가 실행되고 있으나, 신청 방법을 모르거나 자격은 충분하지만 실제로 급여를 받지 못하는 등 사각지대에 놓인 노인들이 아직 많습니다.

따라서 우리는 노인 관련 문제에 지금보다 더 관심을 가지고 다른 방향의 해결 방법을 찾아 나가야 합니다. 고령인구를 위한 실질적인 맞춤형 노인 정책이 필요하며, 정부의 지원도 늘릴 필요가 있습니다. 또한 노인에 대한 편견을 줄이고, 그들을 긍정적으로 바라보는 인식이 사회 전반에 자리 잡아야 합니다.

3. 앞으로는 AI가 우리 할머니를 돌봐 준다고?

실버산업

여러분은 실버산업이란 말을 들어본 적이 있나요? 실버산업이란 노인들을 위한 재화와 서비스를 제공하는 산업입니다. 실버(silver)는 우리가 알고 있듯이 회색, 은색이라는 뜻의 영단어입니다. 그렇다면 실버산업은 회색산업이라고 번역할 수 있는데, 약간 어색하게 들릴지도 모릅니다. 사실 '실버'는 노인들의 희끗희끗한 회색 머리를 은유적으로 표현하는 단어입니다.

노인산업이라고 하면 안 될까요? 노인의 어원적 의미를 살펴봅시다. '늙을 노(老)', '사람 인(人)'을 써서 늙은 사람이라는 뜻입니다. 여러분의 할머니 할아버지의 나이가 65세 이상이라면 노인에 속하겠지만 그 누구도 늙은 사람이란 말을 듣는 것을 좋아하진 않을 겁니다. 노인이라는 뜻에 내포

된 '늙은'이라는 부정적인 이미지를 탈피하기 위해 우리는 노인산업이 아닌 실버산업이라는 말을 사용하게 되었습니다.

우리나라의 고령 사회로의 진입은 실버산업이 등장하는 배경이 되었습니다. 그렇다면 실버산업의 종류에는 어떤 것들이 있을까요? 연세가 많으신 어르신들에게 필요한 서비스는 무엇일지 생각해 봅시다. 거동이 불편하시거나 노쇠하신 노인인구를 대상으로 하기 때문에 돌봄 및 의료 서비스가 대표적입니다. 요양보호사는 이와 같은 맥락에서 생겨난 직업 중 하나입니다. 이들은 거동이 다소 불편한 어르신들 곁에서 일상생활을 돕고 있습니다. 이 외에도 실버산업으로서 노년층을 대상으로 하는 교육문화 프로그램, 노인을 위한 생활용품 제조 판매사업 등이 있습니다.

최근에는 4차산업과 실버산업이 통합된 형태로 나타나고 있습니다. 딥

tip

딥러닝(Deep learning)

한글로 직역하면 심층학습이라는 뜻입니다. 인간은 뉴런이라는 신경세포로 정보를 받아들이고 신경망을 조직하여 학습합니다. 딥러닝은 인간의 학습 방법을 기계에 적용한 것인데요, 기계가 여러 정보를 받아들이면 정보 간 관련성을 찾고 이를 스스로 학습하여 인공신경망을 형성해 나가는 것을 딥러닝이라고 합니다. 몇 년 전 바둑기사 이세돌과 대국을 펼친 인공지능 알파고 또한 딥러닝 기술로 바둑을 두었습니다.

러닝을 기반으로 한 인공지능과 같은 기술이 실버산업에 적용되고 있는 것입니다. 알파고와 같은 인공지능 기술이 노인들에게 어떤 도움을 줄 수 있을까요? 여기서는 변화하는 세계인구의 모습에 따라 4차산업이 어떻게 적용되는지, 또 관련 직업에는 어떤 것이 있는지 알아보겠습니다.

AI 돌봄서비스

토니: 자비스, 우리 외계인 몸 속 구경이나 할까?

자비스: 아… 전 별로 보고 싶지 않은데요?

영화 〈아이언맨〉에서 주인공 토니 스타크와 그의 인공지능(AI) 비서 '자비스'가 나눈 대화입니다. 영화 속에서 자비스는 물리적인 형태는 없지만 주인공을 보조하며 적과의 싸움에서 여러 가지 도움을 줍니다. 자비스의 대사는 입력된 문장만 읽는 기계음이라기보다, 스스로 생각하고 말하는 인간의 대화에 가깝습니다. 이처럼 〈아이언맨〉에서 주인공의 대표적인 강점은 인공지능 비서 자비스가 있다는 것입니다. 자비스는 주인공의 몸 상태를 점검하고 가장 효율적인 공격 방법을 찾아내는 역할도 합니다.

영화 속 자비스와 같은 인공지능 비서가 우리 삶 속에 들어오면 어떨까요? 특히 외로움을 느껴 말동무가 필요한 1인 가구나 누군가의 지속적인 돌봄이 필요한 어르신과 같은 분들께 말입니다. 내가 해야 할 일을 시간 맞춰 알려 주고 주기적으로 내 몸 상태와 기분을 확인해 준다면? 눈에 보이진 않지만 내 일상생활을 챙겨 주는 무언가가 있다면 영화 속 주인공이

AI 돌봄스피커 예시

된 것 같은 기분일 것입니다.

자비스와 같은 인공지능 비서는 현재 여러 분야에서 활용되고 있고 지금도 그 기술이 계속 발전하고 있습니다. 최근 질문을 입력하면 답을 해주는 대화형 인공지능 서비스 챗GTP가 인기를 끌고 있고, 인공지능이 돌봄서비스와 융합되어 AI 돌봄서비스라는 실버산업이 생겨났습니다. 이것의 한 예로는 인공지능이 탑재된 스피커인 'AI 돌봄스피커'가 있습니다. 어르신들의 생활을 돕기 위해 만들어진 AI 돌봄스피커는 정해진 시간에 맞추어 노인에게 다음과 같이 물어봅니다.

"어르신, 약 드실 시간이에요."

"어르신, 오늘 하루는 어떠세요?"

마치 〈아이언맨〉에 나오는 자비스 같지 않나요? 자비스와 같이 인공지능이 실제 사람과 대화하는 것처럼 구현되려면 아직 기술 개발이 필요합니다. 그러나 노인인구가 증가하는 현대 사회에서 AI 돌봄서비스가 초고령 사회를 대처할 수 있는 하나의 방법인 것은 알 수 있습니다.

실제로 AI 돌봄서비스는 우리나라 각 지역에서 시범 운영되고 그 범위와 대상이 확대되고 있습니다. 이때 인공지능은 정해진 시간에 어르신과 같은 돌봄 대상자에게 전화를 걸어 식사 및 건강 상태 등을 확인합니다. 전화가 연결되지 않거나 돌봄 대상자가 무응답일 경우 상황을 확인하여 행정복지센터 담당 공무원에게 결과를 전송해 줍니다.

이전까지는 1인 가구, 고령층, 독거노인 등의 삶과 복지를 위해 행정복지센터 담당자가 별도로 방문 또는 연락을 취해야 했습니다. 현재도 대다수 행정복지센터가 그러합니다. 하지만 위의 사례와 같이 돌봄이 필요한 인구들을 인공지능이 대신 챙겨 준다면 공무원에게 부담이 됐던 과중한 업무는 덜어질 것이고 행정력 또한 상승할 것입니다.

AI 돌봄서비스는 코로나바이러스 자가격리자의 건강 상태를 확인하는 데에도 활용되었습니다. 아마 수십만 명의 자가격리자를 사람의 행정력만으로 일일이 연락해서 관리했다면 과도한 업무로 인해 피로도가 쌓였을 겁니다. 필요할 때 AI를 활용하면서 큰 행정 낭비를 줄일 수 있었습니다. 앞으로도 돌봄을 포함한 실버산업 및 공공기관 영역에서 활용 범위가 넓어질 것이라고 예상해 봅니다.

그러나 이와 같이 실버산업에서 활용되는 인공지능, 그 장점의 이면에는 윤리적인 문제가 존재합니다. 대표적으로 인공지능이 노인인구에게 적용되었을 때, 노인들이 인공지능에게 정서적 위로감을 얻는 것이 적절한 것인가 하는 문제가 있습니다. 앞서 우리는 세계를 구성하고 있는 인구의 한 부분을 담당함으로써 보다 나은 세상을 위해 '인류애'를 함양해야 한다고 말했습니다. 인류애는 사람과 사람 사이에 형성되는 인류에 대한 사랑입니다. 인공지능은 단어의 뜻 자체로 인간이 만들고 가공한 지능이지, 사람 그 자체를 대신할 수는 없습니다. 노인들이 사람보다 인공지능에게 의지하고 정서적 안정감을 느낀다면 인류애를 형성하기 어려울 것입니다.

또한 인공지능은 스스로 학습이 가능한 딥러닝 기술을 기반으로 만들어지기 때문에 악용된다면 특정 인종, 문화, 편견 등 편향적인 데이터만 학습할 가능성이 있습니다. 사람에게 도움이 되려고 만든 인공지능이 오히려 사람에게 적대적인 태도를 취하면 '돌봄'이라는 원래 취지에 알맞지 않는 모습으로 변질될 우려가 존재합니다. 이렇듯 인공지능의 기술 발전에는 사람에게 도움을 주는 것과 동시에 윤리적인 문제가 생길 수 있는 양면성을 가지고 있습니다. 이와 같은 맥락에서 '인공지능 윤리(AI Ethics)'라는 단어가 등장했습니다. 인공지능을 개발하고 소비하는 사람이 바람직하게 인공지능을 대해야 한다는 윤리입니다.

인공지능이 실버산업으로까지 확대된 현재 시점에서 인간에게 도움이 될 수 있는 측면은 증대시키고 윤리적인 문제를 야기할 수 있는 부분은 최소화시켜야 할 것입니다. 아래 토론 주제는 인공지능 윤리 측면에서 생각해 볼 만한 주제입니다. 여러분들의 생각은 어떤가요?

〈토론 주제〉

○ 본래 인간의 영역이었던 돌봄서비스를 인공지능으로 대체할 때 장점과 단점에는 무엇이 있을까?

○ 사람의 신체와 매우 유사한 로봇에 인공지능이 탑재된다면 그것은 인구의 일부로 봐야 할까?

○ 뇌사자의 뇌를 인공지능으로 대체한다면 그 사람은 인구의 구성원으로 봐야 할까?
○ 인공지능이 우리 인구에게 주는 장점과 단점에는 무엇이 있을까?

노년 플래너

플래너(Planner)를 번역해봅시다. '계획'이라는 뜻의 플랜(Plan)에 '~하는 사람'이라는 뜻의 접미사 '-er'이 붙어 기획자, 계획자, 설계자라는 의미를 가지고 있습니다. 주로 플래너는 어떤 프로그램이나 일정을 계획하고 그 계획이 잘 진행될 수 있게 필요한 정보를 제공하는 사람을 뜻합니다. 또는 계획된 일정을 적을 수 있는 공책을 플래너라고 하기도 합니다. 대표적으로 결혼식의 전 과정을 계획하고 감독하는 웨딩 플래너, 공부 계획을 목록화하여 작성할 수 있는 스터디 플래너가 있습니다.

그럼 노년 플래너는 어떤 역할을 하는 직업일까요? 노년 플래너는 신체적으로 쇠약해지거나 정신적인 위축감 또는 사회생활에 부적응을 겪는 노년층을 대상으로 외로움 및 경제적 빈곤 등의 문제 해결을 돕고 실버 용품, 의료 정보 등을 제공하는 역할을 합니다. 즉 노년의 삶을 계획하고 도움을 주는 직업이라고 할 수 있습니다. 고령 사회로의 진입에 따라 노인인구가 증가하면서 노인성 질환을 관리하는 병원이 늘어나고 있습니다. 노인성 질환은 인간이 노화하면서 겪는 신체 질환으로, 치매, 뇌졸중 등이 있습니다. 이와 같은 현상으로 인해 가정과 사회에서는 노인 부양의 책임감을 느끼게 됩니다. 인간의 수명이 100세가 돌파하는 100세 시대가 열리면서 노후를 행복하게 보내고 싶은 사람들의 욕구 또한 증가하고 있습니다. 이 같은 사회 맥락에서 등장한 노년 플래너는 노인 인구들을 보살피며 도움을 줍니다.

관련학과: 사회복지학과, 노인복지학과, 간호학과, 상담심리학과
관련 자격증: 사회복지사(국가자격증)
일할 수 있는 곳: 노인복지관, 주민자치센터, 요양보호시설, 보건소 등

5교시

인구가 이동하는 이유

1. 가자, 가자! 도시로!

도시쥐와 시골쥐가 한집에 같이 살고 있었습니다. 도시쥐와 시골쥐는 같이 농사를 짓고 밥을 먹고 동고동락한 사이였지요. 그러던 어느 날, 도시쥐는 도시에 있는 친구를 보러 가게 됩니다. 도시에 도착하니 높은 건물들이 많았고 다양한 자동차가 도로 위를 달리고 있어서 어안이 벙벙했습니다. 그리고 많은 편의시설과 편리한 교통시설이 갖추어져 있는 도시로 이사해야겠다고 결심했습니다. 친구와 놀고 시골로 돌아온 도시쥐는 곧바로 시골쥐에게 같이 도시로 떠나자고 말했습니다. 그러나 시골쥐는 정든 시골을 떠날 수 없고 도시보다 조용한 시골이 더 좋다고 거절합니다. 결국 도시쥐는 정든 시골을 혼자 떠나기로 결심합니다. 시골에 혼자 남은 시골쥐는 열심히 농사를 짓고, 도시로 떠난 도시쥐는 다양한 일자리를 경험하며 복잡한 도시 속에서 살게 되었습니다.

도시쥐는 왜 도시로 가고 싶어야 했을까요? 여러분은 도시에 살고 싶나요, 아니면 시골에 살고 싶나요? 도시에 살고 싶은 친구들은 왜 그렇게 생각했나요? 혹은 시골에 살고 싶은 친구들은 왜 살고 싶나요? 도시로, 혹은 시골로 이동하는 이유가 무엇일지 한번 알아봅시다.

이촌향도가 무엇인가요?

명절이 되면 기차나 자가용차를 타고 가족들을 만나러 고향으로 내려간 적이 있나요? 만약 고향으로 내려간 적이 없다면 고향으로 내려간 사람들을 본 적 있나요? 도시 사람들이 명절에 지방으로 내려가는 모습을 '민족 대이동'이라고 표현합니다. 왜 도시 사람들은 고향에 살지 않고 도시에 올

자동차로 꽉 차 있는 도로의 모습

라와서 살고 명절이 되면 내려갈까요?

우리나라에서는 산업화와 도시화가 시작한 이후부터 젊은 사람들은 일자리를 찾기 위해 도시로 이동하였습니다. 그러다 보니 촌락에는 젊은 사람들보다 나이가 많으신 어르신들이 훨씬 많은 상황입니다. 이런 현상을 '이촌향도'라고 부릅니다. '농촌을 떠나 도시로 향한다'는 뜻이죠. 우리나라 이촌향도 현상은 1960년대부터 시작되었습니다. 상대적으로 일자리가 많고 편의시설을 갖춘 서울과 경기도 지역으로 많은 인구가 이동하게 되었고, 촌락인 전라도, 강원도, 충청도, 경상도 등의 인구는 서서히 줄어들었습니다.

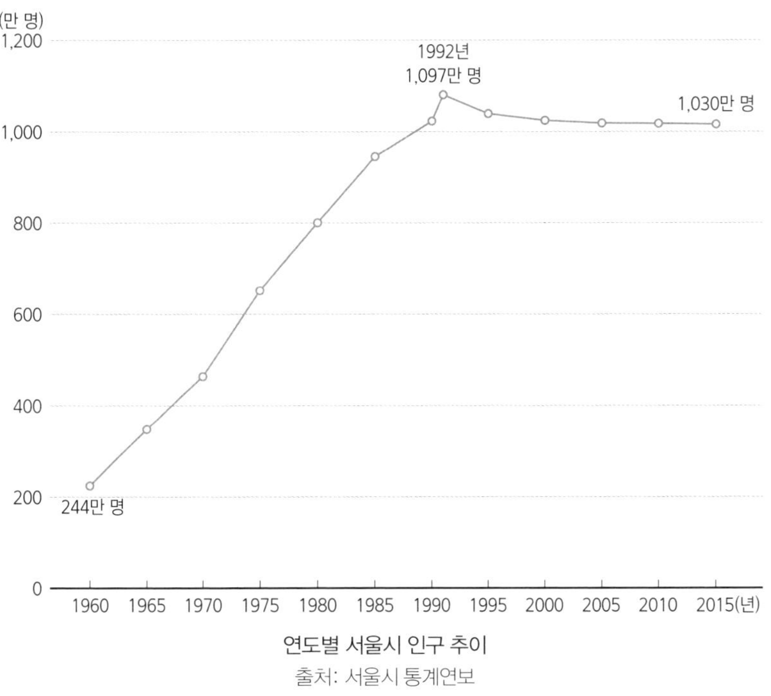

연도별 서울시 인구 추이

출처: 서울시 통계연보

우리나라의 대표적인 도시는 어디일까요? 바로 수도 서울입니다. 서울시에 따르면 1960년에는 서울 거주 인구가 244만 명이었지만 시골에서 서울로 상경하는 인구가 급증하면서 1970년에는 534만 명에 이르렀습니다. 시골에서 서울로 상경하는 사람들이 계속 증가하자 결국 1992년에는 1,099만 명으로 최고치를 기록하게 됩니다. 대부분 젊은 사람들이 이동하다 보니 시골에는 자연스럽게 65세 이상의 노인들이 많이 남게 되었습니다. 이러한 이촌향도 현상으로 여러 가지 문제점이 발생하게 됩니다.

촌락에 생기는 문제

먼저 촌락의 인구 구성을 살펴보면 65세 이상의 비율이 점점 높아지고 있고, 15~64세와 15세 미만의 비율은 점점 줄어들어 고령화가 진행되고 있습니다. 이러한 고령화 현상이 계속되면 노동력 문제가 생기게 됩니다. 젊은 사람들이 도시로 떠난 촌락에는 대부분 나이가 많은 사람들이 남아 있습니다. 그들 중에는 거동이 불편한 사람들도 있고, 체력적으로 힘들어하는 사람들이 많습니다. 즉 일을 할 수 있는 사람이 점점 줄어들고 있는 거죠.

게다가 촌락에는 영화관, 편의점, 마트 등 각종 편의시설이 사라져 가고 버스 정류장, 지하철 등 교통시설이 점점 열악해지고 있습니다. 이로 인해 촌락에 사는 사람들은 생활하는 데 있어서 많은 어려움을 겪습니다. 또한 비어 있는 집이 증가하면서 이웃 사람들 간 유대감은 점점 약해지고, 마을 공동체 또한 약화되는 상황이 발생하게 됩니다.

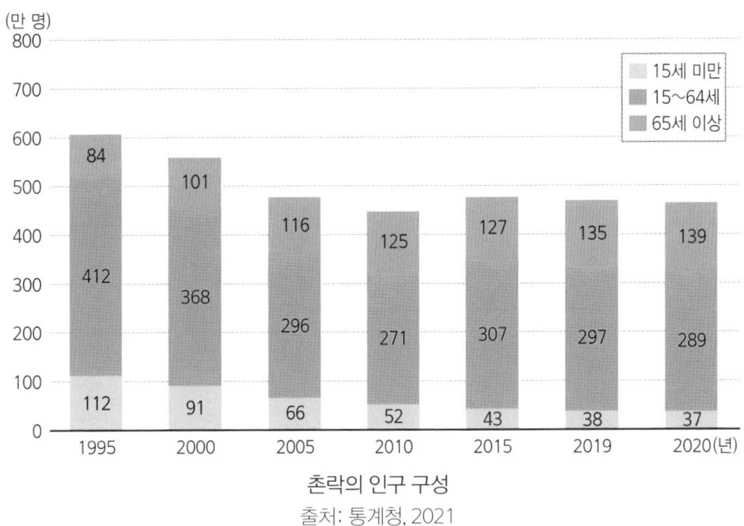

촌락의 인구 구성

출처: 통계청, 2021

두 번째, 경제적인 부분에서도 문제가 생기게 됩니다. 촌락에는 농수산물을 생산하는 1차산업에 종사하는 사람이 많습니다. 요즘 같은 세계화 시대에는 국가 간의 무역이 활발해지다 보니 외국산 농수산물을 싼 가격으로 소비할 수 있게 되었습니다. 촌락 사람들은 경쟁력을 높이기 위해 농수산물의 가격을 낮추게 되고, 그만큼 경제적인 손실이 발생하게 됩니다.

도시에 생기는 문제

촌락과 도시 인구 변화 그래프를 살펴보면 인구가 도시에 많이 집중되어 있다는 것을 발견할 수 있습니다. 이를 '도시화'라고 말합니다. 도시화는 인프라 개선, 문화적 다양성 등의 장점도 가지고 있지만, 여러가지 단점도 가지고 있습니다.

먼저 교통·주택 문제입니다. 인구가 도시에 많이 몰려 있다 보니 교통이 많이 혼잡해집니다. 교통량이 늘어난 것에 비해 교통시설은 그대로이기 때문에 주차 공간이 부족하고 도로가 혼잡해져 약속 시간보다 늦게 도착하는 경우가 생기기도 하죠. 그리고 과도한 인구 밀집으로 인해서 특정한 곳의 주택만 부족해지고, 노후화된 건물이 밀집된 곳에는 불량 주택 지역이 생기게 됩니다.

두 번째는 일자리 문제입니다. 지나친 인구 구성으로 인해서 도시의 일자리가 점점 부족해지고 있습니다. 현재 우리나라에는 인재가 많지만 일할 능력과 의사가 있음에도 불구하고 취업을 하는 데 어려움을 겪고 있는 사람들이 많습니다. 또한 노동자와 사용자 사이에 이해관계가 충돌하게 되어 노사 문제가 발생하기도 합니다. 노동자의 수가 많아지다 보니 받는

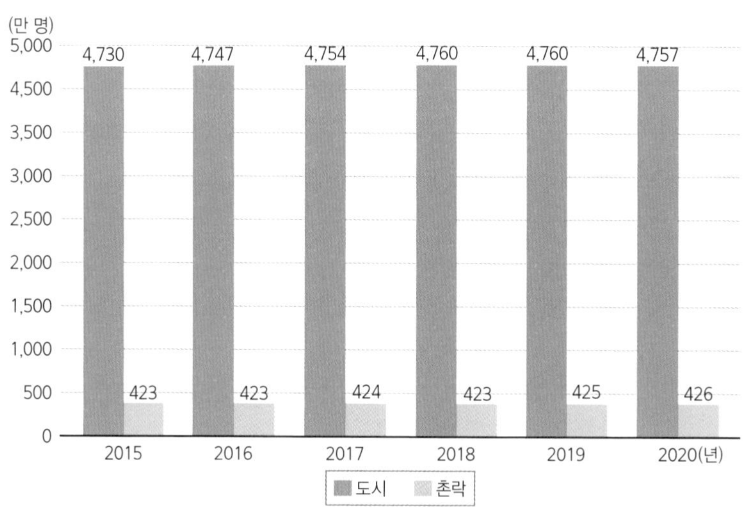

촌락과 도시 인구 변화

출처: 통계청

임금이 점점 적어지거나 제대로 된 대우를 받지 못하는 경우가 생깁니다.

세 번째, 환경 문제입니다. 도시에 산업과 공장이 많이 발달하면서 환경에서도 여러 문제점들이 드러나고 있습니다. 공장에서 나오는 산업 폐수, 가정 생활 폐수 등과 더불어 앞서 말했듯이 수많은 자동차에서 나오는 배기가스가 대기 오염을 일으키게 됩니다.

마지막으로 이웃 문제입니다. 여러분은 주변 이웃에게 관심을 가지고 있나요? 아마 각자 생활하느라 바빠서 신경쓰지 않았을 것입니다. 타인에 대한 무관심과 개인주의로 인하여 소외감을 느끼고 인간성을 점점 상실하는 사람들이 많아지고 있습니다.

해결 방법

이촌향도 현상으로 인해서 발생하는 촌락과 도시의 문제점을 살펴보았습니다. 이를 해결하기 위해서 우리는 어떤 노력을 해야 할까요?

첫 번째는 농사를 위한 다양한 기계를 도입하거나 프로그램을 진행하는 것입니다. 지금 촌락에서는 젊은 청년들이 없어 일손이 많이 부족합니다. 우리나라 태안군에서는 이러한 문제를 해결하기 위해 '드론'을 적극적으로 활용하고 있다고 합니다. 논밭에 있는 농작물을 드론으로 방제하게 되면 사람이 직접 방제하는 것보다 시간을 절약할 수 있고 광범위한 면적을 일시에 방제할 수 있습니다. 따라서 농가 경영비 절감에 큰 효과가 있습니다. 또 장흥군에서는 농촌 일손 부족 문제를 해결하기 위해 '외국인 계절 근로자' 프로그램을 적극적으로 도입하고 있습니다. 외국인 계절 근로자 프로그램은 씨를 뿌리는 기간인 파종기와 농작물을 거두어들이는 시기인 수확기 등 계절적으로 단기간 발생하는 농어촌의 인력난 해소를 위해 운영하는 프로그램입니다. 외국인 계절 근로자 프로그램은 장흥군뿐만 아니라 다른 지역에서도 진행하고 있습니다. 이와 더불어 현재 장흥군은 안정적인 계절 근로자 수급을 위해 베트남과 업무협약 체결을 앞두고 있다고 합니다. 다양한 국가들과 계절 근로자 업무협약을 체결하는 것이 농가의 근심 걱정을 줄이는 방법이 될 수 있습니다.

두 번째는 농수산물을 생산할 때 가격이 아닌 신선함과 품질로 경쟁력을 높이는 방법입니다. 예를 들어 아주 크고 맛도 좋은 '킹스베리'라는 딸기가 있습니다. 일반 딸기보다 크기와 무게가 2배가량 큰 킹스베리는 당도까지 높아 해외에서 인기가 많습니다. 하지만 킹스베리는 쉽게 물러지고 병해충에 약해 기형이 많이 발생하기 때문에 재배에 어려움이 있습니다. 이러한 문제를 해결하기 위해 농업 연구가들은 병해충 발생을 줄이는 기술과 비닐하우스에 꿀벌통을 놓는 등 맞춤형 기술을 사용하여 킹스베리가 신선하게 유지될 수 있도록 도왔습니다. 이로 인해 우리나라에서 재배하는 킹스베리 수출이 90% 늘었고, 수출국도 미국, 태국 등이 더 추가되었습니다.

세 번째는 편의시설 지원과 귀촌 홍보 방법입니다. 시청이나 군청을 비롯한 지역의 공공기관에서는 도시보다 부족한 문화시설이나 편의시설을 촌락에 보충하기 위해 폐교나 마을회관

일반 딸기와 킹스베리

tip

귀촌이란?

귀촌은 도시에 살다가 다시 촌락으로 돌아가는 현상을 말합니다. 도시 사람들은 상대적으로 적게 드는 생활비와 저렴한 집값 때문에 귀촌을 선택합니다. 또한 바쁜 일상생활에서 벗어나 여유로운 시간과 자연환경을 편하게 누리고 싶은 사람들도 촌락을 찾습니다.

을 새롭게 단장하고 있다고 합니다. 촌락의 공공기관에서 도시 사람들을 위한 귀촌 상담을 열어 관련 정보를 제공한다면, 도시 사람들도 촌락에 대해 긍정적으로 생각할 수 있습니다.

그럼 도시에서 발생하는 문제점 중 주택 문제 해결 방법에 대해 알아봅시다. 도시에 인구가 집중적으로 몰리면서 집이나 교통이 정말 중요해지고 있습니다. '신도시'는 대도시의 주거 기능을 담당하기 위해 만들어진 계획도시입니다. 낡은 주택을 다시 사용할 수 있도록 고치고, 새로운 주거 지역에 개발하거나 주택 건설을 확대하여 사람들이 집을 구할 수 있도록 하는 방법입니다.

교통 문제 해결을 위해서는 '버스 전용 차로제'를 실시하여 사람들이 편리하게 버스를 이용할 수 있도록 하는 방법과 부족한 주차시설을 더 늘리는 방법 등이 있습니다. 또한 평일 중 하루를 정해서 해당 요일에는 차를 운행하지 않는 '승용차 요일제'를 실시하면 교통 혼잡도가 완화될 수 있습니다.

두 번째, 일자리 문제 해결 방법 중 일자리 부족으로 인한 어려움을 겪는 사람들을 위해서 고용 보험과 노인 돌봄서비스, 최저 임금제 등의 복지 제

우리나라와 미국의 버스 전용 차로

도를 더 발전시켜야 합니다. 예를 들어 취업지원서비스를 통해 취업에 어려움을 겪고 있는 사람들에게 직무 능력을 향상시킬 수 있는 교육을 제공하는 방법이 있습니다. 또한 일할 능력이 충분히 있는데도 불구하고 일자리를 갖지 못한 사람들에게 고용 보험을 제공할 수 있습니다. 일하면서 생기는 고용자와 피고용자의 이해관계를 높이기 위해서는 최저 임금을 제대로 보장해 주고 비정규직 사람들을 위한 보호법을 마련하여 실행해야 합니다.

가장 심각한 것은 환경 문제와 이웃 문제입니다. 이를 해결하기 위해 산업체나 공장에서는 정화시설을 설치해 산업 폐수를 줄여 수질 오염을 방지해야 합니다. 재활용품을 사용하는 환경 상품을 개발하여 이를 실생활에서 사용할 수 있도록 하고, 환경과 조화를 이루는 도시를 개발하거나, 공원이나 생태 하천 등 녹지 공간을 확대하는 방법도 있습니다. 우리가 바로 실천할 수 있는 방법은 바로 가정에서 합성 세제 사용을 줄이고, 쓰레기 분리수거를 생활화하고, 대중교통을 이용하는 등 생활 오염을 줄여 나가는 것입니다.

마지막으로 이촌향도 현상이 타인에 대한 무관심과 이기주의로 이어지고 있습니다. 마을 공동체를 운영하거나 공동체 주택 건설 등을 통해서 지역 공동체를 회복하거나, 타인을 존중하는 자세를 갖춰 이웃들과 소통해 보는 건 어떨까요? 우리에게는 이웃에게 관심을 가져 공동체 의식을 함양하고, 사회 전체의 균형과 발전을 위해 타인과 더불어 살아가려는 노력이 필요합니다. 나를 위해서가 아닌 우리를 위해서, 그리고 행복하고 건강한 사회 공동체를 구성하기 위해서 이웃들과 함께 고민하고 해결하는 방법을 찾아봅시다.

2. 세계 사람들이 이동하고 있어요!

여러분은 공장에서 일하는 외국인을 본 적 있나요? 공장 노동자뿐만 아니라 학원 강사, 통역사 등 다양한 직종의 외국인을 볼 수 있습니다. 이들은 왜 자신의 나라가 아닌 우리나라로 와서 일하는 걸까요? 세계 사람들은 여러 가지 사연을 가지고 다른 나라로 떠나기도 합니다. 그렇다면 그 사람들은 왜 이동했을까요? 지금부터 과거와 현대의 세계인구 이동에 대해서 한번 알아봅시다!

외국인 근로자

중국인들은 왜 동남아시아로 이동했을까?

세계에서 인구가 가장 많은 나라는 어디일까요? 바로 중국입니다. 중국은 과거에도, 현재도 여전히 인구가 많습니다. 그런데 과거 중국 사람들은 자신의 나라를 두고 다른 나라로 이동한 적이 있습니다. 왜 이동했을까요? 단지 인구가 많아서, 혹은 집이 부족해서 이동한 걸까요?

춘추전국시대 통일 후, 매해 혹독한 겨울이 다가오면 북방유목민들은 식량을 구하기 위해 중국을 침략했습니다. 그때 중국 사람들은 북방유목민들의 침략을 막기 위해서 만리장성을 증축하였으나 소용이 없었습니다. 그래서 매해 겨울이 다가올 때마다 자기 삶의 터전이 파괴되는 것을 막기 위해 남쪽으로 이동하는 사람들이 많아졌습니다.

북방유목민의 침략 외에도 과거 중국에는 춘추전국시대와 왕조를 전복시킨 수차례의 반란과 전란 등의 많은 사건이 있었습니다. 이로 인해 논밭

세계 화교 분포도

이 황폐해져 경작지를 찾아 끊임없이 남쪽으로 이동한 사람들은 동남아시아에 정착하게 되었습니다. 이때, 동남아시아에 정착한 중국 사람들을 '화교'라고 부릅니다.

tip

북방유목민이란?

'유목'은 한자어로 '떠돌 유(遊)'+'기를 목(牧)'으로 매번 이동하며 생활하는 민족을 말합니다. 북방유목민은 북쪽 사막이나 초원지대에 이동 생활을 하며 정착민과 교역을 합니다. 하지만 정착민과의 교역이 원활하지 않을 경우에는 자신들의 생존을 위해서 그들의 땅을 침략하거나 약탈했습니다.

기회의 나라, 미국!

과거뿐만 아니라 지금도 전 세계 사람들이 일자리, 환경, 유학 등 다양한 요인으로 인해 이동하고 있습니다. 또한 개발도상국에서는 산업이 발달한 선진국으로 이동하는 사람이 많습니다. 이를 '이민'이라고 합니다. 이민이란, 자기 나라를 떠나 영구적이거나 오랫동안 살기 위해 다른 나라로 이동하는 것을 뜻합니다.

전 세계에서 이민자가 가장 많은 나라는 어디일까요? 바로 미국입니다. 미국은 전 세계에서 이민자의 19%를 차지하고 있습니다. 그래서 미국을 '이민자의 나라'라고 부릅니다. 사람들은 왜 미국으로 이주하는 걸까요?

미국은 우리가 생각하는 것보다 크고, 개척할 땅 또한 많았습니다. 산업이 발달하면서 일손 또한 점점 필요해졌습니다. 그래서 미국은 부족한 노

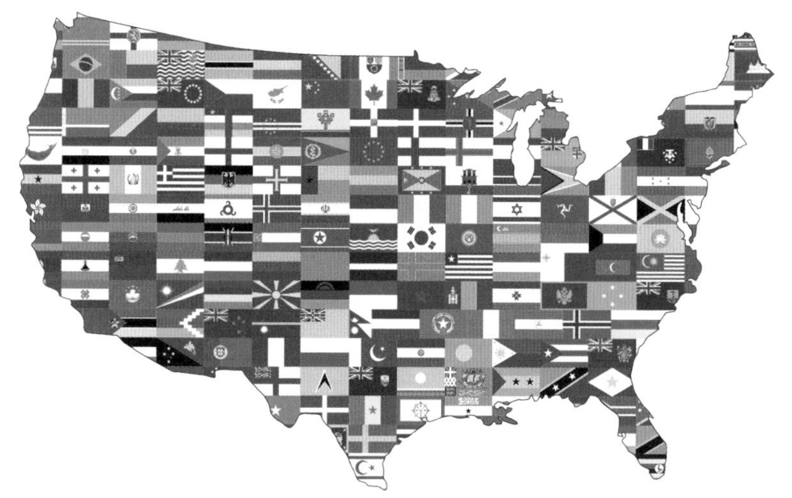

다양한 민족으로 구성된 미국

동력을 채우기 위해 이주민을 크게 환영하였습니다. 처음에는 유럽에서 종교나 정치 문제 때문에 탄압을 받던 사람들이 미국으로 이주했고, 중국이나 아시아, 아프리카에서는 주로 노예가 끌려왔습니다.

미국은 땅이 넓기 때문에 이동을 위해 땅을 연결할 방법이 필요했습니다. 이주한 사람들이 노동자가 되어 강과 강 사이에 운하를 건설하고 내륙에는 철도를 건설하여 증기선이 다닐 수 있도록 만들었습니다. 이로 인해 사람들의 이동이 획기적으로 빨라졌습니다. 어떻게 보면 이민자들의 피, 땀, 눈물이 미국을 세계 최고의 산업 국가로 만들어 준 것은 아닐까요? 지금도 여전히 성공을 꿈꾸는 세계 곳곳의 사람들이 미국으로 이동합니다.

여러분 '기회의 나라' 혹은 '기회의 땅'이라는 말을 들어본 적 있나요? 이 이름은 미국의 별명입니다. 미국은 기회의 나라라고 불리는 만큼 취업 기회가 많습니다. 미국 사람들뿐만 아니라 아시아, 유럽, 남아메리카 등 다양한 인종들이 미국으로 이주하여 취업하기를 원합니다. 아마 상대적으로 학벌이나 스펙 등에 상관 없이 '능력' 위주로 채용 기회가 주어지기 때문일 것입니다. 이로 인해 다양한 인종의 사람들이 미국에서 좋은 일자리를 많이 얻어 미국의 경제력에 긍정적인 영향을 미치고 있습니다. 이렇듯 세계 최고 산업 국가로 발전한 미국은 국내총생산(GDP) 부분에서 부동의 1위를 차지하고 있습니다.

미국은 2021년 기준 국가 중 GDP 1위입니다. GDP는 일정 기간(보통 1년)에 생산자의 국적과 상관없이 한 나라 안에서 새롭게 생산된 최종 생산물의 가치를 시장가격으로 환산하여 합산한 것을 말합니다. 2021 GDP의 1위는 미국, 2위는 중국 그리고 3위는 일본입니다. 우리나라는 10위에 있습니다.

2021 GDP 순위

순위	국가별	금액
1	미국	22조 9,961억
2	중국	17조 7,340억
3	일본	4조 9,374억
4	독일	4조 2,231억
5	영국	3조 1,868억
6	인도	3조 1,733억
7	프랑스	2조 9,374억
8	이탈리아	2조 998억
9	캐나다	1조 9,907억
10	대한민국	1조 8,102억

출처: KOSIS 국가통계포털

GDP는 가장 중요한 지표로 여겨집니다. 한 국가에서 발생하는 국민뿐만 아니라 외국인도 포함한 모든 생산 수치를 말합니다. 그 국가에서 생산 활동을 하는 대상자들이 경제 활동도 하기 때문입니다. 예를 들자면 미국에 이민하여 일자리를 얻은 한국인이 월급을 받았습니다. 이 월급을 어디에 쓸까요? 자신이 머무는 미국에서 소비를 주로 하게 됩니다. 이는 미국 경제에 긍정적인 영향을 끼치고 있습니다. 다양한 인종들로 이루어진 미국에서 소비 생활과 경제 생활을 하기 때문에 GDP의 순위는 1위일 수밖에 없습니다.

3. 왜 다른 나라로 피난 가나요?

전 세계 사람들은 꼭 좋은 환경과 일자리 등을 얻기 위해서만 이동할까요? 사진 속 가족들은 다른 나라로 이동하는 중입니다. 그런데 아기를 안고 있는 남자는 왠지 모르게 쓸쓸해 보이는데요. 이 가족은 무슨 사연이 있길래 자신의 나라를 떠나는 걸까요?

이동하고 있는 난민 가족

생존을 위해 도망 다니는 사람들

2022년 2월 24일 우크라이나와 러시아의 전쟁이 일어났습니다. 어떤 이유 때문에 전쟁이 일어난 걸까요? 우크라이나와 러시아는 서로 국경에 접하고 있습니다. 과거 우크라이나는 소련에 속해 있었고 소련이 해체된 1991년에 독립했습니다. 그러나 나라 이름은 여전히 소련(러시아)으로 불렸기 때문에 완전히 독립했다고는 할 수 없었습니다. 과거 사람들은 소련과 구별하기 위해서 자신들의 국가를 우크라이나로 부르기 시작했습니다. 이때부터였을까요? 우크라이나와 러시아의 갈등은 점점 고조되었습니다.

현재 우크라이나는 중부와 서부 지역이 러시아 영토에 속해 있으며 과거 러시아의 지배를 받았습니다. 제1차 세계대전에서 러시아 혁명이 망하

국경에 접해 있는 우크라이나와 러시아

자, 우크라이나는 이것을 기회로 삼아 영토를 되찾으려고 했지만 결국 제 2차 세계대전이 끝나고 나서야 되찾을 수 있었습니다. 그럼에도 불구하고 현재 러시아는 우크라이나가 러시아에 속한다고 주장하고 있습니다. 즉 우크라이나를 한 집에서 나간 철없는 동생처럼 생각하고 있는 거죠.

최근에 우크라이나는 NATO(North Atlantic Treaty Organization)에 가입하려고 했습니다. NATO에 가입한 나라는 29개국으로 미국, 영국, 독일, 프랑스를 중심으로 서유럽 국가와 동유럽 국가들이 있습니다. 우크라이나가 NATO에 가입하게 되면 러시아는 NATO 세력에게 더 큰 위협을 느끼게 됩니다. 이를 방지하기 위해 2022년 3월 24일 러시아는 우크라이나를 침공했습니다.

러시아가 우크라이나에 침공하면 가장 피해를 보는 사람들은 누구일까요? 현재 죄 없는 우크라이나 국민들까지 피해를 보고 있습니다. 러시아의 공격으로 인해서 그들의 고향이자 삶의 터전인 집이 파괴되고 많은 사람들이 죽어가고 있습니다. 그들은 자신과 가족의 안전을 위해서 다른 나라로 피신할 수밖에 없습니다. 이러한 사람들을 '난민'이라고 부릅니다.

tip

NATO란?

NATO는 북대서양조약기구(North Atlantic Treaty Organization)를 말합니다. 과거에는 소련의 위협에 대항하기 위한 집단 방위기구였으며 1945년에 설립되었습니다. 소련이 해체되면서 현재는 미국의 주도로 지역 분쟁에 대처하는 유럽안보기구로 변경되었습니다.

우크라이나 피해 현장

tip

난민이란?

인종, 종교, 국적, 특정 사회집단의 구성원 신분 또는 정치적 의견을 이유로 박해를 받을 우려가 있다는 합리적인 근거가 있는 공포로 인하여 자신의 국적국 밖에 있는 자로서, 국적국의 보호를 받을 수 없거나 또는 그러한 공포로 인하여 국적국의 보호를 받는 것을 원하지 아니하는 자

-UN 난민협약 제1조

난민을 받아들여야 하나요?

난민은 우크라이나 사람들만 있을까요? 우크라이나 사람들뿐만 아니라 전쟁이 일어나는 모든 곳에 난민이 존재합니다. 중동 및 아프리카 지역에서도 군사 분쟁 때문에 많은 사람들이 자신의 고향을 떠나 이동하고 있습

니다. 이 사람들은 걸어가거나 기차, 작은 배 등 여러 수단을 이용해서 유럽으로 이동합니다. 하지만 유럽에 도착하더라도 또 다른 어려움에 부딪치게 됩니다.

난민은 다른 나라에 도착해도 끝이 아닙니다. 그 나라가 난민을 수용할지에 대한 여부를 결정해야 합니다. 여러분은 우리나라에 난민을 받아들여 줘야 한다고 생각하나요? 만약 난민을 수용할 수 있다면 왜 그렇게 생각하나요? 만약 수용할 수 없다면 왜 그렇게 생각하나요?

먼저 난민 수용 여부에 대한 찬성 측의 입장을 알아보도록 하겠습니다.

첫 번째, 국제법상의 의무이기 때문입니다. 세계인권선언 제3조에는 "모든 사람은 생명과 신체의 자유와 안전에 대한 권리를 가진다"는 내용이 나와 있습니다. 또한 1957년 난민협약은 "보호는 모든 난민에게 차별없이 최소한의 처우 기준이 준수되어야 한다. 모든 국가는 국제인권법 및 국제관습법을 포함한 국제법에 따른 의무의 결과로 국제적 보호를 제공해야 할 의무가 있다"고 주장합니다. 이러한 국제법상의 의무뿐만 아니라 국내에서도 난민 보호 의무를 규정하고 있습니다.

두 번째, 노동력 확보입니다. 독일은 난민을 수용해 주는 나라로 잘 알려져 있습니다. 독일이 난민을 수용하는 이유는 초고령 사회가 진행되고 있어 노동력이 부족했기 때문입니다. 그래서 난민을 통해서 경제적 효과를 누리기 위해 수용했던 것입니다. 반면 우리나라의 고령화 상황은 어떤가요? 우리나라 역시 2017년 고령 사회를 지나 현재 초고령 사회를 앞두고 있습니다. 아무리 우리나라 청년들이 노동력이 부족한 지역에 와도 노동력 부족 문제를 완전히 해결해 주지 못합니다. 우리나라에 난민들을 수

우리나라 난민법

우리나라는 1992년 난민협약에 가입하였으나, 2001년에 비로소 최초의 난민을 인정해 난민협약 가입국이 되었습니다. 본격적인 난민법 제정 움직임은 2006년부터 시작되었고 2009년 3월에는 황우여 의원의 대표발의로 '난민 등의 지위와 처우에 관한 법률안'이 국회에서 발의되었습니다.

- 주요 내용

1) '난민 신청자', '인도적 지위를 부여받은 자' 등의 개념 정의.
2) 예외 없는 강제송환 금지 원칙 천명.
3) 공항 항만 등에서의 난민 인정 신청 절차 명문화.
4) 관계기관 협조, 변호인 조력, 통역 등 신청 절차 지원 의무화.
5) 난민의 특수성 감안, 입증 책임 및 입증 정도 완화.
6) 난민위원회 신설(이의신청 결정 및 난민 정책 심의기관).
7) 난민 인정 심사 종료 전까지 생계비 지원, 취업 허용.

용한다면 노동력 확보에 대한 해결책이 되고 우리나라에 경제적으로 도움이 될 수 있습니다.

그렇다면 난민 수용에 반대하는 이유는 무엇일까요? 반대 측의 입장을 알아봅시다.

첫 번째, 치안과 범죄 문제입니다. 독일의 수용 난민이 증가함에 따라 독일 비시민권자의 범죄 수도 증가하였습니다. 2015년에 독일 쾰른에서 이주민이 집단 범죄 사건을 일으켰는데, 그들 중 난민 신청자가 일부 포함되어 있었습니다. 또한 2016년 10월에는 독일 프라이베르크 대학교의 의대생이 아프가니스탄 난민 신청자에게 살해당한 사건이 있었습니다. 프랑스에서도 2015년 자살폭탄 테러로 인해 많은 사상자가 발생했는데, 용의자들 중 2명이 난민 출신이었습니다. 여러 범죄 문제로 인해서 시민들은 난민 수용에 반대하고 있습니다.

두 번째, 난민으로 인한 경제적 부담입니다. 우리나라의 부채가 매년 증가하는 상황에서 난민을 수용하게 되면 경제적으로 부담이 될 수밖에 없습니다. 우리나라의 경제 취약계층에 대한 지원, 북한이탈주민 정착 지원 등에 사용되고 있는 예산에 난민까지 더해진다면 막대한 예산이 필요합니다.

난민 수용 여부에 대한 찬반 논쟁은 여전히 이어지고 있습니다. 이러한 난민 수용에 대한 양극 간의 갈등을 최소화하기 위해서 '더블린 조약'이 만들어졌습니다. 더블린 조약은 난민이 처음 발을 들여놓은 그 나라에서 그들을 수용하고 보호한다는 내용이며 특정 국가에 치우치지 않고 균등하게 책임을 지자는 취지로 만들어졌습니다. 난민들의 대다수가 유럽으로 가는 관문 역할을 하는 이탈리아나 그리스로 이동하기 때문에 두 나라는 이 조약이 불공평하다고 비판하고 있으나, 그 두 나라를 제외한 많은 나라는 조약을 수용하고 이해하려고 노력하고 있습니다.

tip

더블린 조약

유럽으로 유입되는 난민의 망명 처리 원칙을 규정한 조약입니다. 1990년 6월에 아일랜드 더블린에서 서명하고 1997년에 발효되었습니다.
유럽연합(EU)에 들어오는 난민들이 처음 발 디딘 EU 회원국에서 난민 등록을 해야 한다는 규정과 제3국 국민이나 무국적자가 조약 가입국에 난민 지위 신청을 하게 되면 그 심사를 책임질 국가를 결정하기 위한 기준과 체계를 규정하고 있습니다.

난민과 함께하는 세상을 어떻게 만들어야 할까요?

6월 20일이 무슨 날인지 알고 있나요? 그날은 '세계 난민의 날'입니다. 갈등과 박해를 피해 고국을 떠난 사람들에게 힘과 용기를 주고 그들의 어려움을 공감하고 이해해 주는 날입니다. 또한 난민을 보호하는 일이 국제 사회 모두의 책임임을 상기시키는 날이기도 합니다. 난민은 자신의 고향에 남아 있기도 하고, 안전과 생존을 위해 다른 나라로 이동하기도 합니다.

우리나라에서도 과거 많은 난민을 배출했고, 현재도 난민들과 함께 살아가고 있습니다. 우리나라는 난민협약에 가입한 아시아 국가 중 최초로 난민법을 제정했습니다. 그러나 실제로 우리나라는 난민을 1.5% 정도만 수용하고 있습니다. 시리아나 예멘에서 온 난민들이 우리나라에 난민 신청을 했지만 거의 거부당했습니다.

난민들은 우리나라에 들어오면서 인천공항에서 난민 신청을 하게 됩니다. 즉 공항에서 입국 심사와 함께 난민 심사를 같이 진행하는 거죠. 과연

난민의 날 캠페인 로고

그 짧은 시간에 난민들의 인생을 판단하고 결정할 수 있을까요?

그러다 보니 난민 심사에서 탈락한 경우, 자신의 삶에 절망하고 살아갈 의욕을 잃기도 합니다. 우리는 난민 문제를 어렵게만 생각하고 있습니다. 난민을 받아들이면 범죄나 경제적인 부분에서 많은 부담이 생기기 때문입니다. 하지만 우리에게 난민의 인생을 결정할 수 있는 권리는 없습니다.

난민들도 우리와 같은 사람입니다. 난민들에게는 위로와 용기가 필요합니다. 우리는 그들이 존엄성을 회복할 수 있도록 도와줘야 합니다. 난민들은 생존을 위해서 이동하며 희망의 끈을 놓지 않고 있을 겁니다. 그렇기에 우리는 난민들에게 차갑고 냉정한 태도를 보이는 것이 아닌 같은 인간으로서, 앞으로 같이 살아갈 사람으로서 난민들이 더 밝은 내일을 맞이할 수 있도록 따뜻한 관심과 이해해 주는 태도를 보여 줘야 합니다. 난민들과 함께하며 지금보다 더욱 단단하고 다양성이 존중되는 세상을 만드는 노력을 해 보는 게 어떨까요?

우리는 하나의 지구촌에서 살았고, 지금도 살고 있고, 앞으로도 같이 살아갈 것입니다. 세계시민으로서 따뜻하고 공감하는 마음으로 먼저 손을 내밀어 친구가 되어 주는 것, 우리나라와 세계 여러 나라의 공존을 위해 평화롭게 함께 살아가는 방법을 찾아가는 것이 앞으로 우리의 평생 숙제가 아닐까요?

6교시

내일의 인구를 위한 실천 과제

1. 어린이도 인구에 포함될까?

그림자 아이

길을 걷다가 누군가에게 학대받고 있는 아이를 발견했습니다. 무슨 일인지 정확히 알 수는 없지만 아이의 괴로워하는 표정을 보니 그냥 지나칠 수 없습니다. 앞서 우리는 세계가 겪고 있는 여러 인구 문제 해결을 위해 좀 더 나은 세상을 만들어야 한다고 이야기했습니다. 학대받고 있는 아이를 보호하기 위해 가해자에게서 아이를 분리 조치하고 경찰에 아동학대 신고를 해야겠습니다. 곧이어 도착한 경찰은 아이를 경찰서로 데려가 신원조회를 합니다. 그런데 의아한 일이 생겼습니다. 아이의 신원조회가 되지 않는 겁니다. 출생등록이 되어 있지 않기 때문입니다. 어찌 된 일일까요?

엄연히 눈앞에 존재하는 아이지만 주민등록상에는 존재하지 않는 아이. 우리는 이런 아이들을 '그림자 아이'라고 부릅니다. 여러분의 주민등록번호를 외워 봅시다. 주민등록번호 앞자리는 생년월일을 나타내는 숫자로 이루어져 있습니다. 뒷자리의 첫 번째 숫자를 확인하면 남자는 3, 여자는 4로 시작할 것입니다(2000년 이후 출생자 기준).

이렇게 우리가 가지고 있는 각각 고유의 주민등록번호는 우리가 이 세상에 태어남과 동시에 '출생등록'이라는 절차를 걸쳐 부여받게 됩니다. 출생등록은 가까운 행정복지센터(구 주민센터)에서 아이를 낳은 부모가 하게 되어 있습니다. 그러나 위의 사례처럼 신원조회가 되지 않는, 즉 출생신고가 되지 않아 주민등록번호가 부여되지 않는 그림자 아이들이 있습니다.

지금은 부모에게 출생신고 의무가 있어서 아이를 낳았을 경우 행정복지센터에 자발적으로 신고해야 합니다. 그러나 부모가 신고를 지연하거나 외면했을 경우, 또는 의도적이거나 여건이 안 되어 출생등록을 하지 않았을 경우 이를 보완할 예방책이 마련되어 있지 않습니다. 또한 출생등록이 되어 있지 않은 아이는 국가에서 확인이 불가능하고 이에 따라 의료, 보건, 교육과 같은 기본적인 사회 시스템을 제공받지 못합니다. 이런 아동은 방임과 학대를 받을 수 있는 환경에 놓이기 쉽습니다. 국가가 바라보기 힘든 사각지대에 있기 때문입니다.

이와 같은 문제를 예방하기 위한 방법으로 '보편적 출생등록'이 있습니다. 이를 법으로 규정하고 제도화한 것을 '출생통보제'라고도 합니다. 보편적 출생등록이란 출생신고조차 되지 않은 채 학대, 방임되거나 사망하는 아동을 줄이기 위해 부모가 아닌 의료기관이 출생정보를 국가에 통보하는 것입니다. 이로 인해 출생신고가 되면 태어난 아이는 이름, 성별, 출생지, 출생일, 가족관계, 국적을 증명할 수 있게 됩니다. 이 세상에 태어난 아동을 보호하기 위한 가장 기본적인 조치라고 할 수 있습니다.

2019~2020년 동안 전국에 있는 아동복지시설에서 확인된 출생등록이 안 된 아이들은 총 146명이었습니다(보편적 출생신고 네트워크, 2021). 이런 아이들의 출생등록이 되지 않는 이유는 부모가 미혼모 또는 미혼부인 경우, 혼인신고하지 않는 부모에게서 태어난 아이인 경우, 병원에서 낳지 않은 아이인 경우 등 다양합니다. 그러나 그 원인은 대부분 부모에게 있음을 알 수 있습니다. 아동학대 신고를 통해 아이의 신원을 조회했을 때 신원조회가 되지 않았던 앞의 사례처럼 누군가에 의해 '우연히' 발견되지 않으면 국가를 포함한 그 누구도 그 아이가 살아 있다는 것을 전혀 알 수 없습니다. 이 같은 맥락에서 유엔 아동 권리 위원회에서는 2019년 대한민국 정부에게 다음과 같이 권고하였습니다.

부모의 지위 또는 출생지에 관계없이 모든 아동이 온라인 출생신고를 포함하여 출생신고가 보편적으로 적용될 수 있도록 보장할 것

또한 2021년 법무부는 아동 인권을 위하여 출생통보제를 도입하겠다고 밝혔습니다. "가족 구성원 모두 행복한 나라"라는 비전하에 말입니다. 현재 대한민국 국회에서 역시 출생통보제의 도입을 고려하고 있습니다(2023년 2월 기준). 여러분이 출생통보제를 직접적으로 도입하거나 새로운 법을 만드는 입법 활동에 참여하기는 어렵습니다. 그러나 아동의 권리에 관심을 가지고 관련 제도에 대해 알아가고, 그러한 태도를 가진다면 행복한 사회를 만드는 길을 닦는 데 도움이 될 것입니다.

지금까지 그림자 아이가 나타나는 이유와 이에 대한 해결 방법 중 하나인 보편적 출생등록에 대해 알아보았습니다. 만약 내가 그림자 아이라면 어떤 기분이 들까요? 태어났다는 기록이 없고 이 세상에 내가 살아 있다는 기록도 없다면 말입니다. 아플 때 병원에서 진료를 받기 어려울 것이고 친구들과 선생님이 있는 학교도 다니기 쉽지 않겠죠. 이처럼 내 부모가 누군지 모르고 국가도 나를 챙겨주지 않는다면 실로 마음은 공허할 것입니다.

따라서 우리는 그림자 아이가 더 이상 나타나지 않도록 책임감 있는 어른으로 성장해야 합니다. 생명에 대한 소중함을 모두 알고 있지만 아는 것에 그치는 게 아닌, 마음속 깊이 인식하며 행동으로 실천해야 합니다. 미래에 어른이 된다면, 아이를 키우는 부모가 된다면 그 역할에 맞는 책임감을 가져야 합니다. 행동에 있어서 선택은 충동적이지 않고 신중해야 합니다.

우리가 인구 문제라고 하면 저출생과 고령화만 생각하기 쉽습니다. 그러나 인구로 구성된 이 지구에는 인구라는 개념 자체의 사각지대에 있는 그림자 아이들도 있습니다. 많은 어른들이 저출생과 고령화 문제만을 강조하여 출산장려 복지제도를 이야기하고 초고령 사회에 대한 대처를 논할

보편적 출생등록제의 필요성을 알리는 포스터 그리기
포스터를 그려 자신의 소셜미디어에 공유해 봉사활동 굿액션을 전개해 보세요! #인구문제 #그림자아이 #보편적출생등록 #출생통보제

때, 보이지 않는 그림자 아이들에 대해 관심을 가져보는 것은 어떨까요?

착한 소비 공정무역

고등학생인 민구는 주말마다 편의점에서 아르바이트를 합니다. 근로기준법에 따라 만 15세 이상부터 아르바이트가 가능하기 때문입니다. 민구는 주말 아침에 졸린 눈을 비비고 일찍 편의점으로 나갑니다. 민구가 맡은 역할은 물품을 분류하고 창고를 정리하는 일입니다. 한 달 동안 주말마다 열심히 일한 민구는 아르바이트 급여를 받는 날을 손꼽아 기다렸습니다. 드디어 급여가 들어 있는 봉투를 받았습니다. 그런데 웬걸, 봉투에는 만 원짜리 지폐 한 장만 들어 있습니다. 민구는 열심히 일한 대가에 비해 터무니없이 적은 급여를 받았기에 이것이 불공정하다고 생각했습니다. 민구에게 왜 이런 일이 일어났을까요?

여러분은 안 쓰는 물건이나 내가 만든 물건을 교환 또는 판매할 수 있는 플리마켓(flea market)에 참여해 본 적이 있나요? 판매자 또는 구매자로 말입니다. 예전에는 같은 뜻으로 '벼룩시장' 또는 '아나바다 장터'라는 말을 주로 사용했습니다. 플리마켓은 사람들이 중고물품을 나누고 자원을 재사용할 수 있다는 점에서 환경을 생각하는 시민들의 움직임이라고 볼 수 있습니다. 그런데 만약 여러분이 1,000원에 팔기로 했던 물건을 누군가가 100원을 주고 산다면 기분이 어떨까요? 또한 여러분이 민구처럼 아르바이트로 성실히 일했는데 최저시급보다 현저히 낮은 대가를 받는다면 과연 공정한 사회라고 할 수 있을까요?

실제로 이런 불공정한 거래가 지구촌 곳곳에서 암암리에 이루어지고 있습니다. 주로 어떤 물건들이 거래될 때 이런 불공정한 거래가 생길까요? 여러분이 2월 14일 밸런타인데이 때 친구들과 주고받는 초콜릿, 학교 운동장에서 축구할 때 사용하는 축구공, 그리고 선생님이 아침마다 마시는 커피가 대표적입니다. 생각보다 우리의 삶에 가까이에 있는 물건들입니다.

우리가 소비하는 초콜릿과 선생님이 소비하는 커피의 대부분은 경제 개발이 다른 나라에 비해 상대적으로 느린 개발도상국에서 수입됩니다. 개발도상국에 있는 농부들이 커피 원두와 초콜릿 재료인 카카오를 재배하고 있지요. 그러나 이들은 본인 소유의 땅이 아닌, 대기업이 소유한 땅에서 농사를 짓습니다. 게다가 개발도상국의 카카오 농장에서 일하는 사람이나 축구공을 만드는 사람은 초등학생 또래의 아이들이 많습니다. 어린이들의 인력이 더 싸기 때문에 대기업과 땅 주인이 더 많은 이득을 남기려고 아이들을 착취하고 있는 거죠.

어린이들이 열심히 원두와 카카오를 재배하고 수확해도 커피와 초콜릿 판매 가격의 극히 일부분만 그들에게 돌아오게 됩니다. 대부분의 수익은 대기업과 유통업체가 받습니다. 우리는 이러한 불평등한 거래구조를 '불공정무역'이라고 부릅니다. 열심히 일한 사람에게 일한 만큼의 대가가 주어지는 공정한 사회를 만들어야 합니다. 불공정무역으로 인해 불이익을 받는 어린이들이 없도록 우리는 그들에게까지 인류애를 확산시켜야 하지 않을까요? 그들도 우리처럼 세계인구를 구성하는 한 부분이니까요. 내가

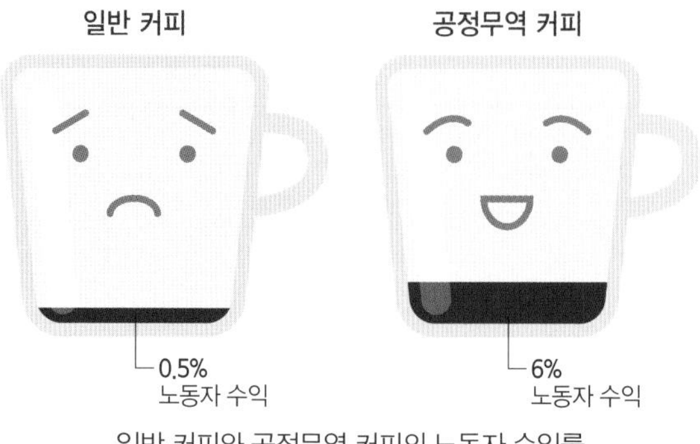

일반 커피와 공정무역 커피의 노동자 수익률

속한 지역 사람들뿐만 아니라 지구 반대편에 있는 세계인구를 위해 공정한 인류 사회를 만드는 길을 걸어가야겠습니다.

그 한 걸음으로 불공정무역으로 인해 발생하는 어린이들의 고통을 막고 긍정적인 무역 구조를 만들자는 움직임이 나타났습니다. 바로 '공정무역'입니다. 공정무역은 개발도상국의 농부들과 같은 생산자의 노동에 알맞은 대가가 갈 수 있도록 하고, 제품을 구매하는 소비자에게는 지구촌 어딘가에 있는 인류를 생각하는 태도를 줄 수 있습니다. 공정무역은 다른 말로 '착한 소비'라고도 부릅니다. 정당한 가격 지불로 생산자와 소비자가 모두 행복한 판매와 소비를 할 수 있기 때문이지요.

그럼 우리는 구체적으로 어떻게 공정무역을 실천할 수 있을까요? 바로 '공정무역 인증마크'가 있는 물건을 구입하는 착한 소비를 하는 것입니다. 내가 사려고 하는 제품에 공정무역 인증마크가 있다면 그 제품은 생산자에게 정당한 대가가 돌아가게 하는 공정무역을 준수하는 제품이라고 할 수 있습니다. 착한 소비를 할 수 있는 공정무역 인증마크를 다음과 같이

WFTO(세계 공정무역 기구) 마크	FLO(국제 공정무역 상표기구) 마크
 출처: WFTO	출처: FLO 한국사무소
- 공정무역을 준수한 조직을 인증하는 마크입니다. - 조직이 빈곤 및 불평등 퇴치를 위해 공정무역 활동을 실천하고 있는지 지속적으로 검증합니다. - WFTO 멤버가 되면 그 조직의 모든 제품에 WFTO 인증마크를 사용할 수 있습니다.	- 공정무역으로 생산된 제품을 인증하는 마크입니다. - 제품 하나당 각각의 인증 과정을 거칩니다.

소개합니다.

FLO 한국사무소 홈페이지에 들어가면 어떤 제품에 공정무역 인증마크가 있는지, 어떤 단체가 공정무역을 준수하는지 보다 더 자세한 정보를 확인할 수 있습니다. 우리에게 커피와 초콜릿을 만들어 준 아이들에게 착한 소비로 보답하는 건 어떨까요?

2. 세계의 청소년들, 다 함께 해 볼까요?

앞서 우리는 인구의 개념과 다양한 가족의 형태, 인구 이동, 고령화와 저출생 같은 인구 문제를 살펴보았습니다. 특히 우리나라의 인구가 감소하는 현상, 즉 '인구절벽'은 더 이상 어른들만의 문제가 아닙니다. 2000년대 초등학교 한 반의 학생 수는 40명에 가까웠습니다. 지금이랑 많이 다르지 않나요? 그전에는 더 많았습니다. 이렇게 초·중·고등학교 학생 수는 점점 줄어들고, 학급당 학생 수도 과거에 비해 많이 줄어든 모습을 교실

tip

인구절벽

인구의 급격한 감소를 비유적으로 표현하는, 미국의 저명한 경제학자 해리 덴트가 제시한 개념입니다. 생산인구(15~64세)의 비율이 급속도로 줄어드는 현상을 뜻합니다. 인구절벽 현상이 발생하면 생산과 소비가 줄어 경제 활동이 위축돼 경제 위기가 발생할 우려가 있습니다.

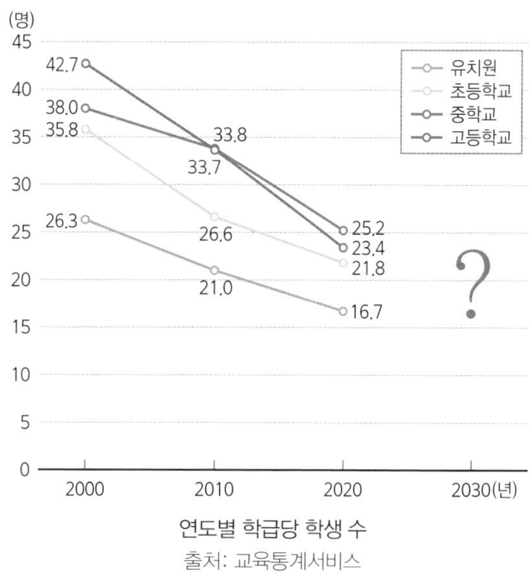

연도별 학급당 학생 수

출처: 교육통계서비스

속에서 찾아볼 수 있습니다. 대학교는 정원을 채우지 못해 사라지거나 통합되기도 합니다. 대한민국 인구가 감소하고 있다는 대표적인 증거 중 하나입니다. 이처럼 인구 문제는 우리 청소년들에게 매우 현실적이며 매우 가까이 다가와 있습니다.

청소년인 우리가 인구 문제를 해결하는 방법에는 어떤 것이 있을까요?

tip

학급당 학생 수

학급 한 개에 있는 학생 수를 평균적으로 나타난 것입니다. 예를 들어 한 나라에 학급당 학생 수가 20명이라면 그 나라는 평균 한 학급에 20명의 학생이 있다는 뜻입니다. 우리나라 학급당 학생 수는 꾸준히 감소하고 있는 추세입니다. 학급당 학생 수의 감소는 인구 감소의 현상을 대표적으로 나타내는 지표 중 하나입니다.

"저출생과 인구 감소 문제가 심각하니 얼른 어른이 되어 결혼해서 아이를 낳는다." 어떤가요? 청소년인 여러분에게 충분히 이해할 만한 방법인가요? 아마 그렇지 않을 것입니다. 앞서 우리는 1인 가구, 딩크족과 같은 다양한 가족의 형태를 배웠습니다. 가족 구성에 있어 개인의 자유와 권리를 존중해야 하는 시점에서 그 누구도 우리에게 결혼과 출산을 하라고 강요할 수는 없습니다. 우리는 주체적으로 삶을 그려나가는 청소년이니 말입니다. 무작정 아이를 많이 낳아서 인구를 증가시켜 인구 감소를 해소하자는 것은 설득력을 갖기 힘듭니다.

그보다 사람들이 사회적인 압력이나 강요에 의한 것이 아닌, 주체적이고 능동적으로 행복하게 결혼하고 아이를 낳을 수 있게 보다 좋은 세상을 만드는 것이 더 중요하지 않을까요? 인구 문제를 해결하기 위해 인구수만 늘리려고 하는 단순한 양적 접근보다는 좀 더 나은 세상을 만들려는 질적 접근이 이루어져야 합니다. 행복한 나라, 행복한 세상이 만들어지면 인구는 자연스럽게 많아질 것입니다.

그레타 툰베리 이야기

2018년, 소셜미디어에 글이 하나 올라옵니다. 지구 환경이 점점 파괴되는 것을 가만히 지켜보면 안 된다는 글이었습니다. 그리고 같은 계정으로 기후 변화에 대응하지 않는 정치인을 비판하는 글이 올라왔습니다. 이 글은 서구권 청소년들에게 큰 영향을 끼쳤고 청소년을 포함한 어른들이 환경 문제에 좀 더 관심을 가지게 되는 계기가 되었습니다. 글을 쓴

연설하는 툰베리의 모습

사람은 2018년 유엔 기후변화협약에 참가하였고, 2019년 타임지 올해의 인물로 선정되었습니다. 소셜미디어에 이 글을 올린 사람은 누구일까요? 2018년 당시 15살, 스웨덴의 '그레타 툰베리'입니다.

툰베리는 인구가 직면한 기후위기에 대한 경각심을 일깨우기 위해 개인 소셜미디어(social media)에 지속적으로 글을 올림으로써 자신의 목소리를 높였습니다. 그리고 세상은 이 15살 소녀의 목소리에 귀를 기울이게 되었죠. 어른들은 툰베리의 환경 활동에 영향을 받아 환경 문제에 안일했던 모습을 반성했고 청소년들은 환경 문제에 관심을 가지기 시작했습니다. 이처럼 세계를 움직이고 변화시키는 행동은 어른들에게 한정되지 않습니다. 우리도 세계의 인구를 구성하는 한 부분으로서 좀 더 나은 세상, 행복한 세상을 만들어 나갈 수 있습니다. 미래 세대의 주인공은 여러분이니까요.

15살 툰베리의 환경 활동은 세계인구에 대한 '인류애'가 바탕으로 깔려 있습니다. 인류애란 전체 인류에 대한 사랑과 애정을 의미합니다. 나뿐만 아니라 내 옆에 있는 친구들, 내 주변 이웃들, 나아가 우리나라를 넘어 세계 인류를 사랑하는 마음을 뜻합니다. 인류애 없이 내가 처한 환경과 나 자신만 생각했다면 툰베리가 소셜미디어에 글을 올렸을까요? 툰베리는 인류에 대한 사랑을 바탕으로 지구촌 온 인구가 지속가능한 삶을 살기를 희망하며 기후변화와 환경 문제에 대해 목소리를 높이고 있는 것입니다.

이와 같이 오로지 인구 문제 해결을 위한 접근을 결혼과 출산에 기대는 것보다 다른 관점의 접근과 움직임이 필요합니다. 세계를 구성하고 움직임의 동력이 되는 인구. 우리 각자는 인구의 한 부분으로서 세계를 만들어 가고 있습니다. 나를 포함한 다른 사람에게 관심을 가지고 인류애를 형성하는 것. 그것이 우리가 청소년으로서 인구 문제에 접근하는 첫걸음입니다.

우리는 날마다 많은 사람들과 다양한 인간관계를 형성하고 있습니다. 가정에서는 부모님과 형제자매, 학교에서는 선생님과 친구들, 거리에서 마주치는 이웃 주민들도 내가 형성하는 인간관계에 속해 있습니다. 이처럼 개인은 개인과 관계를 맺을 수도 있고 나아가 공동체와 관계를 맺을 수도 있습니다. 내 주변 사람들과 건전하고 긍정적인 관계를 맺는 것이 인류애를 형성하고 세계 모든 인구가 함께 행복하게 살기 위해서 우리가 할 수 있는 일입니다.

인류애를 형성하고 인간관계를 맺는 것은 가령 우리가 사는 지역에 한정되지 않습니다. 툰베리의 예시에서 알 수 있듯이 소셜미디어의 발달로 우리는 세계 곳곳의 사람들과 소통이 가능해졌습니다. 여러분들은 페이스북(Facebook), 인스타그램(Instagram), 유튜브(Youtube) 등이 세계와 소통할 수 있는 창구 역할을 하고 있다는 것을 이미 알고 있을 겁니다. 우리는 이렇게 세계인과 소통하며 인간관계를 확장하고 인류가 처한 문제를 함께 논의하기도 합니다. 지구의 인구를 구성하는 세계의 청소년들은 서로 소통하며 보다 나은 세상을 위해 함께 움직이고 있습니다.

여러분이 나중에 어른이 되어 엄마, 아빠가 된다면 어떤 모습의 세상을 내 아이에게 보여 주고 싶은가요? 사람 간 갈등으로 병들어 있는 사회를 보여 주고 싶진 않을 겁니다. 우리는 살아가는 이 순간 이미 지구촌 인구의 한 부분을 담당하고 있습니다. 여러분이 맡은 부분은 여러분이 만들어 나가는 것입니다. 여러분은 소셜미디어를 통해 인구가 처한 어떤 문제에 대해 세계인들과 이야기를 나누고 싶으신가요?

> The world is waking up and
> change is coming whether you like it or not.
> 전 세계가 깨어나고 변화가 다가오고 있습니다.
> 여러분이 원하든 원하지 않든 말이죠.
>
> – 툰베리, 2019년 9월 23일 유엔 기후행동 정상회의에서

굿네이버스

'굿네이버스'라는 단체를 들어본 적이 있나요? 굿네이버스는 한국에 설립된 NGO 중 하나입니다. NGO란 'Non Governmental Organization'의

약자로 '비정부기구'를 의미합니다. 이는 국가 주도의 공식적인 조직이 아닌 지구촌 시민들로 인해 구성된 자발적인 비공식 조직으로, 같은 뜻을 가진 사람들이 인류가 처한 어려움을 돕기 위해 인도주의적 기능을 수행하는 역할을 합니다. NGO는 시민들에게 정보를 제공하거나 정부의 정책을 감시하기도 하며 인류애, 인권, 환경, 인간 평등 등의 특정 부문을 중점적으로 추구하기도 합니다.

대표적인 NGO 단체

단체명	분야	활동
그린피스	환경	해양 보호, 고래잡이 방지, 핵 위협 저지, 기후변화 방지 등
국경없는의사회	의료	긴급 구호, 심리 치료, 깨끗한 식수 공급 등
국제앰네스티	인권	고문 추방, 사형 폐지, 난민 보호 등
적십자	보건	긴급 구호, 건강 증진, 재난 대응, 질병 예방 등

NGO는 세계인구에 대한 인류애를 바탕으로 설립된 단체들이라고 볼 수 있습니다. 그중 굿네이버스는 한국에서 설립한 비정부기구입니다. 주로 국내 및 국외 아동의 권리를 위해 협력 사업을 수행하고 있습니다. 또한 유엔 아동권리협약(UN CRC)과 유엔 지속가능발전목표(UN SDGs)를 기반으로 아동 권리 옹호, 교육, 보건, 식수 위생, 국제 구호 분야에서 580만여 명의 아동과 지역주민을 대상으로 활동하고 있습니다.

대표적인 활동은 아동 권리를 옹호(Advocacy)하는 것입니다. 한국뿐만 아니라 미국, 캐나다, 일본, 호주, 대만 등 8개 선진국에서 모금 활동 및 아동 권리 옹호 활동을 확대하고 있습니다. 또한 굿네이버스는 대한민국과 북한, 해외 39개국에서 국제개발사업을 수행하는 중입니다. 인류애를 바

tip

지속가능발전목표(UN SDGs)

지속가능발전목표(SDGs: Substainable Development Goals)란 UN에서 지속가능한 발전을 위해 합의한 국제적인 약속입니다. SDGs는 다음과 같은 17개의 목표를 가집니다.

> 빈곤 퇴치, 기아 종식, 건강과 웰빙, 양질의 교육, 성평등, 깨끗한 물과 위생, 모두를 위한 깨끗한 에너지, 양질의 일자리와 경제성장, 산업·혁신·사회기반시설, 불평등 감소, 지속가능한 도시와 공동체, 지속가능한 생산과 소비, 기후변화와 대응, 해양생태계 보존, 육상생태계 보호, 정의·평화·효과적인 제도, 지구촌 협력

탕으로 설립된 굿네이버스는 세계인구가 직면한 여러 가지 문제를 해결하기 위한 활동을 펼쳐 나갑니다.

청소년인 우리도 세계인구를 돕는 이런 비정부기구 활동에 참여할 수 있을까요? NGO에 대해 알아보니 무언가 국제적이고 전문적인 느낌이 들고, 해외를 오가며 영어를 능숙하게 해야 할 것 같습니다. 하지만 꼭 그렇지만은 않습니다.

어쩌면 여러분은 학교에서 굿네이버스 활동을 한 경험이 있을지도 모릅니다. 굿네이버스가 이미 초등(8~13세)을 대상으로는 편지쓰기를, 중고등(13~18세)을 대상으로는 봉사활동 '굿액션' 활동을 전개해 나가고 있기 때문이지요. 우리는 이렇게 학교에서 비정부기구인 굿네이버스 활동에 참여할 수 있습니다.

굿네이버스를 비롯한 NGO 단체들의 움직임은 세계를 구성하고 있는 인류가 보다 나은 세상에서 살아갈 수 있도록 노력하는 역할을 합니다. 이

와 관련하여 굿네이버스에서는 학교와 가정에서 진행될 수 있는 창의적 체험활동을 운영합니다. 공동체 의식을 가지고 세계와 소통하는 세계시민, 그리고 배려와 나눔을 실천하는 더불어 사는 사람이 되기 위한 굿네이버스의 창의적 체험활동을 다음과 같이 소개합니다.

세계시민 교육 편지쓰기

대상: 초등학교 1~6학년

목표: 가족과 함께 영상을 보고 편지를 쓰며 나눔을 실천하는 세계시민으로 성장하기

차시	1차시	2차시	3차시	4차시	후속 활동
핵심 개념	세계시민 교육 (인간 존엄성)	세계시민 교육 (시민 참여)	가정 연계 교육 (편지 쓰기)	세계시민 교육 (지구촌 연대)	가정 연계 교육 (편지 답장 보기)
활동 성격	개념 이해	참여 방법 탐색	나의 참여	공유와 실천	효능감 제고
학습 목표	세계 어린이들이 겪는 어려움과 원인 인식	모든 사람이 존중받기 위한 방법 모색	모든 사람이 존중받기 위한 우리 가족의 참여	지구촌 인권 보장을 위한 나의 참여 공유와 지속적 관심과 실천	더 나은 지구촌을 만들어 가기 위한 노력
진행 장소	학급	학급	가정	학급	가정/학급

출처: 굿네이버스

초등학교를 대상으로 한 굿네이버스의 편지쓰기는 참여자가 세계시민 의식을 가지고 세계시민으로 성장하는 것을 목표로 하고 있습니다. 내가 세계시민으로 성장하는 것이 과연 인구 문제 해결과 어떤 관련성이 있을까요? 인구 문제 해결을 위해서는 우선 인구에 대한 관심이 형성되어야 합니다. 세계시민 의식이란 나 자신을 세계인구 공동체의 일부라고 여기고 세계시민으로서 권리와 의무가 있다고 생각하는 것인데요. 세계시민 의식을 갖추는 것은 전 세계인구에 대한 관심을 가지는 과정이라고 할 수

있습니다.

봉사활동 굿액션

대상: 중고등학생

목표: 지구촌의 다양한 문제들에 대한 해결 방안을 모색·실천하는 세계시민으로 성장하기

프로그램	내용
환경 캠페인 '함께 No담'	담배의 원료 생산, 유통, 폐기까지의 자원순환을 이해하고 담배 소비가 환경과 사람에게 미치는 영향을 알리는 민주시민 교육 및 친환경 옹호 활동
폭력예방 캠페인 'No폭'	존중과 배려를 기반으로 비폭력 학교생활의 중요성과 가치를 알리는 민주시민 교육 및 비폭력 지지 활동
보편적 출생 등록 캠페인 '아이의 탄생'	생명의 소중함과 권리를 위해 출생 등록이 필요함을 알고 보편적 출생 등록 제도의 필요성을 알리는 민주시민 교육 및 생명 존중 활동

출처: 굿네이버스

중고등학생을 대상으로 진행되는 봉사활동 굿액션에는 앞서 살펴본 보편적 출생등록 캠페인이 등장합니다. 어른들은 대표적인 인구 문제 중 하나인 저출생을 해결하기 위해 출산을 장려하는 방법을 내놓고 있습니다. 물론 중요합니다. 하지만 그 방법을 논하기 전에 이미 태어나서 우리나라에 존재하는 데도 그 존재를 아무도 몰라 놓치고 있는 아이를 찾는 것이 더 우선시되어야 하지 않을까요? 우리가 미처 살펴보지 못하고 있는 그림자 아이가 인구 공동체의 일부분이 될 수 있도록 청소년인 우리가 보편적 출생등록제도의 필요성을 알려보는 것은 어떨까요? 목소리를 높여 세계의 인식을 변화시킨 툰베리처럼 말입니다.

지금으로부터 약 20년 전, 그러니까 청소년 여러분이 태어나기 전에는 세계인구의 수는 몇 명인지 묻는 물음에 사람들은 '60억'이라고 답했습니다. 21세기를 알리는 2000년에 접어들 때 쯤 세계인구가 60억을 돌파했기 때문이지요. 따라서 "지구에는 약 60명의 인구가 산다."라는 말이 상식으로 통했습니다. 지금은 어떨까요? 세계인구를 약 60억 명이라고 하면 의아해하는 사람들이 많을 것입니다. 20년이 지난 최근 세계인구는 약 80억 명이기 때문입니다.

1987년 7월 11일, 세계인구가 50억 명이 돌파하자 유엔 개발계획에서는 이를 기념하는 '세계인구의 날'을 지정하기도 했습니다. 지난 20년 동안 세계인구는 약 20억 명 증가했습니다. 얼마나 빠르게 증가하고 있는지 느껴지나요?

세계인구가 증가하면 우리가 사는 지구에 어떤 영향을 미칠까요? 교실을 예로 들어보겠습니다. 여러분은 몇 명의 친구들과 하루를 보내고 있나요? 우리는 같은 반 친구들과 같은 공간에서 함께 생활하고 있습니다. 교실에 있는 물건과 공간을 같이 사용하면서 말입니다. 그런 여러분의 교실에 어느 날 갑자기 학생 20명이 전학을 왔다고 가정해 보겠습니다. 우선 새로 온 친구들을 위해 그 수만큼 책상과 의자를 새로 들여놓아야 하겠지요. 그리고 책상 간격은 이전보다 더욱 좁아질 것입니다. 이제 여름에는 선풍기 몇 대로 시원해지지 않을 것이고 교실을 가득 채운 학생들의 체온으로 실내 온도는 올라갈 것입니다. 교실에 있는 물건을 나누어 쓰려면 줄

tip

세계인구의 날

세계인구의 날(World Population Day)은 1987년 7월 11일, 유엔 산하의 유엔 개발계획(UNDP)이 지정한 국제 기념일입니다. 세계인구가 50억 명을 돌파한 것을 기념하면서 지정된 날이지요. 세계인구의 날은 지구촌 사람들이 인구 문제에 대해 많은 관심을 가질 수 있도록 지정된 기념일입니다.

을 서야 할 수도 있겠네요.

다시 교실에서 지구로 돌아와 보겠습니다. 우리가 사는 지구는 지리적, 물리적 환경이 제한되어 있습니다. 지구의 부피와 우리가 밟고 있는 이 땅의 면적은 팽창하지 않고 일정한 크기를 유지합니다. 마치 교실 공간처럼 말입니다. 그런 지구에 인구가 증가하고 있습니다. 갑자기 찾아온 전학생 20명과 닮았습니다. 공간과 자원은 한정적인데 시간이 지날수록 늘어나는 인구로 인해 우리는 어려움에 직면해 있으며, 점차 심각한 사태로까지 확장될 우려가 존재합니다. 우리가 미리 대비하고 준비하지 않는다면 미래에는 식량과 물, 자원 등이 고갈될 수도 있습니다. 여기에 우리가 사용하고 버리는 쓰레기들은 자원 고갈의 문제를 더욱 가속화시킵니다. 이러한 상황을 맞이하지 않기 위해 개인과 단체, 그리고 국가적·국제적으로 대비가 필요해 보입니다.

이와 같은 맥락에서 보았을 때 지구에서 삶의 공간을 공유하며 사는 80억 인구는 앞으로도 증가하는 인구와 공존하며 살기 위해 현재 우리가 누리고 있는 곳, 즉 환경을 보존해야 합니다. 우리가 미래 세대를 생각하지 않고 지금의 환경을 다 써버리면 안 되니까요. 우리 모두가 한번 생각해

고철 재활용 업체에 버려진 중고 제품

볼 만한 문제입니다. 인구 문제는 '사람'에게만 국한되는 것이 아닙니다. 우리가 사는 자연환경과 지구에까지 영향을 줄 수 있음을 이제는 알 수 있을 것입니다. 그리고 이를 위한 작은 실천 중 하나가 바로 '제로 웨이스트(Zero Waste)'입니다.

제로 웨이스트는 쓰레기(Waste)를 0(Zero)으로 하자는 원칙입니다. 우리가 사용하는 모든 제품이 재사용될 수 있도록, 즉 재활용이 가능할 수 있도록 디자인하여 어떤 쓰레기도 매립되거나 바다에 버려지지 않도록 하는 원칙을 뜻합니다. 제품뿐만이 아니라 제품에 사용되는 포장지나 자재를 태우지 않고, 토지·해양·공기 등 자연으로 배출하지 않으며 책임 있는 생산과 소비를 통해 자원을 보호하자는 취지로 만들어졌습니다. 제로 웨이스트는 폐기물을 줄이기 위해 지속적인 노력을 하면서 다음과 같은 5가지 실천 방법을 제시합니다.

제로 웨이스트 실천 방법 5R

5R	의미	실천 방법
Refuse	거절하기	필요 없는 물건 거절하기
Reduce	줄이기	소비해야 한다면 사용량을 최대한 줄이기
Reuse	재사용하기	자원을 가능한 재사용하기
Recycle	재활용하기	재사용할 수 없는 자원은 재활용하기
Rot	썩히기	자연으로 돌아갈 수 있는(=썩는 제품) 사용하기

[우리가 할 수 있는 제로 웨이스트]

○ 식당이나 매장에서 영수증, 플라스틱 빨대, 비닐봉지 등을 받지 않기.
○ 일회용 종이컵보다는 텀블러를, 플라스틱 칫솔보다는 친환경 대나무 칫솔을 사용하기.
○ 새 물건을 구매하는 것 대신 중고 물건을 사용해 보기.
○ 내가 더 이상 사용하지 않는 물건을 친구나 이웃에게 나누어 주기.

이 외에도 우리가 집에서, 학교에서 실천할 수 있는 제로 웨이스트에는 어떤 것들이 있을까요? 여러분의 생각을 적어 봅시다.

○
○
○
○

최근에는 SNS를 중심으로 제로 웨이스트를 실천하는 사람들의 움직임이 보입니다. 바로 일상생활에서 쓰레기 발생을 줄인 사례를 공유하는 캠페인 '제로 웨이스트 챌린지'가 SNS를 통해 인증되고 있는데요. 참여하는 방법은 간단합니다. 실제로 우리가 쓰레기를 줄인 사례, 자신만의 쓰레기 줄이는 방법 등을 글과 사진으로 게시한 후 '#제로웨이스트챌린지', '#Zerowastechallenge' 등의 해시태그를 붙이면 됩니다. 제로 웨이스트 챌린지는 많은 이들의 관심을 불러일으키며 친구나 지인을 태그해 보는 사람들의 참여를 독려할 수 있습니다. 세계인구가 더 나은 세상을 살기 위해 우리가 함께 할 수 있는 방법입니다.

특히 장기간 지속된 코로나19와 1인 가구의 증가로 인해 배달과 포장 서비스가 급증하고 있는 사회에서 쓰레기 감소의 중요성이 더욱 부각되고 있습니다. 이런 맥락에서 우리도 제로 웨이스트 챌린지에 동참해 보는 것은 어떨까요?

#제로웨이스트챌린지

#Zerowastechallenge

#5R운동

3. 미래에 우리가 할 수 있는 직업

동물 매개 치료사

여러분은 강아지와 고양이 같은 동물을 보면 어떤 기분인가요? 동물을 통해 안정을 느끼거나 위로를 받은 적은 없었나요? 반려동물이라는 단어가 보편화된 요즘, 동물은 우리 삶의 일부분이 되었습니다. 그중 '동물 매개 치료'는 동물과 인간을 매개하면서 마음의 멍이 있는 사람들이 정신적, 신체적, 사회적인 기능을 회복할 수 있게 돕는 치료 방법입니다.

동물 매개 치료사는 신체 및 언어 발달, 건강 상태, 사회성, 주변 관계, 동물에 대한 반응 등을 파악하고 상담 기록을 작성합니다. 그 후 치료 목표, 횟수, 기간, 도우미 동물 등을 고려하여 치료 계획을 수립하고 복지관, 보육시설, 장애인 생활시설 등에서 치유 프로그램을 실행합니다. 동물 매

말과 교감하는 재활 치료, 히포테라피

개치료사는 치료 도우미 동물을 훈련하고 필요할 경우 치료 동물을 분양하기도 합니다. 동물 매개 치료에 함께하는 치료 도우미 동물에는 강아지, 고양이, 새, 돌고래, 말 등이 있습니다.

- 관련학과: 동물매개재활과, 수의학과, 사회복지학과, 심리학과, 특수교육과 등
- 관련 자격증: 사회복지사(국가자격증), 동물매개심리사 3~1급(민간자격증)
- 일할 수 있는 곳: 동물매개치유센터, 교육기관, 복지관 등

인구학자

인구학자는 인구에 대한 통계 연구뿐만 아니라 인구와 관련된 형상과 문제를 연구하고 이를 해결하기 위한 정책 제언을 하기도 합니다. 인구의 증가와 감소, 연령 구조, 출산율의 변화, 이민과 이주, 인구 이동 패턴 등을 통계학, 사회학, 경제학, 지리학 등 다양한 학문과 접목하여 인구와 관련된 여러 문제를 연구합니다. 요즘 인구 문제가 세계적으로 관심을 받고 있는 이유는 그것이 현재 생활과 사회의 여러 가지 환경에 영향을 주고, 미래를 예측해 대응책을 찾을 수 있도록 해 주기 때문입니다.

인구학자는 국제기구나 정부기관, 대학 등 다양한 기관에서 일할 수 있습니다. 국제기구에서는 세계인구 문제를 다루고 전 세계적으로 인구 문제를 해결하는 데 기여합니다. 정부기관에서는 국가인구 정책 수립에 기여하고, 대학에서는 인구학 분야의 연구를 수행하고 학생들을 교육합니다.

- 관련학과: 통계학, 사회학, 경제학, 지리학
- 필요한 능력: 통계 분석 소프트웨어 사용 능력, 프로그래밍 언어 숙달
- 일할 수 있는 곳: 국제기구, 정부 기관, 대학, 연구소, 공공기관

보건 의료 전문가

보건 의료 전문가는 인구 증가로 인한 보건 및 의료 문제를 해결하는 데 결정적인 역할을 합니다. 이들은 보건과 의료 분야에서 전문적인 지식과 기술을 바탕으로 환자의 건강과 복지를 증진시키는 역할을 수행합니다. 최근 코로나19로 인해 세계인구가 팬데믹 상황을 겪을 때도 간호사, 의사 등의 의료진과 보건 의료 전문가들의 역할이 컸습니다. 지금 우리가 마스크를 벗고, 코로나19 백신을 맞은 것도 그분들의 노력 덕분입니다.

보건 의료 전문가는 환자들을 치료하고 질병 예방 및 교육, 보건 시스템 분석 및 평가 등의 다양한 역할을 수행합니다. 예를 들어, 보건 의료 전문가는 각종 예방접종 프로그램을 실행하거나 건강한 생활습관을 홍보하고, 전염병이나 지역별 발생병 등을 모니터링하여 대처할 수 있도록 정보를 제공합니다. 또한, 국가나 지역 사회의 보건 문제를 파악하고 조절하는

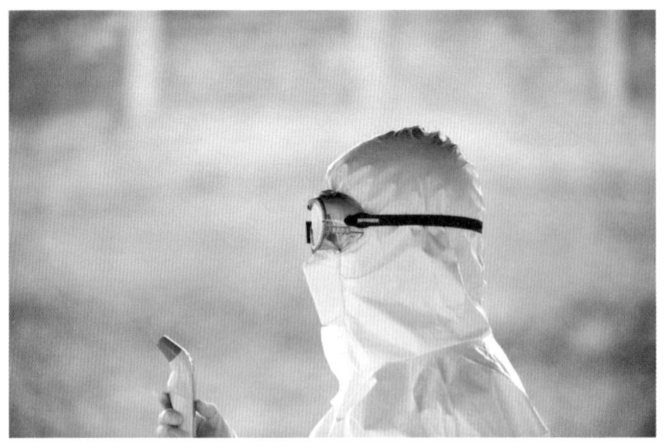

선별진료소에서 근무하고 있는 의료진

역할도 수행합니다. 보건 의료 전문가와 관련 있는 미래 유망 직업으로는 '가정간호 전문가', '헬스 케어 컨설턴트', '세포검사기사', '생명의학 엔지니어' 등이 있습니다.

- 관련학과: 의예과, 의학과, 간호학과, 약학과, 치의학, 치위생학, 식품영양학
- 활동 분야: 의료 정책, 공중보건, 환경보건, 식품위생, 의약품
- 일할 수 있는 곳: 병원, 약국, 보건소, 정부기관, 연구소

교육 전문가

교육 전문가는 교육 문제를 해결하기 위해 교육 서비스 및 시설 환경, 교육의 질을 높이는 방법을 제안합니다. 교육 전문가는 교육의 이론과 실제에 대한 지식과 이해력을 갖추고 있으며, 교육 방법, 교육 시스템, 교육 정책 등에 대한 폭넓은 경험과 지식을 가지고 있습니다. 우리가 자주 보는 학교, 학원 선생님을 포함해 기업 교육 전문가, 시니어 교육 전문가 등 여러 분야에서 교육 활동을 합니다.

교육 전문가는 교육 시스템의 발전과 교육의 질적 개선을 위해 교육 정책의 수립과 시행, 교육 현장에서의 문제 해결, 교육과 관련된 연구 및 개발, 교육 훈련 등 다양한 일을 수행합니다. 또한, 교육 전문가는 학생들의 학습 및 발전에 기여하며, 교사들의 교육 능력 강화를 위한 교육과정 개발, 교육 방법론 연구 등을 수행합니다.

- 관련학과: 교육학, 초등교육학, 심리학, 교육심리학, 교육행정학
- 관련 직업: 초중고 교사, 교육 연구원, 교육 정책자, 교육 연구원
- 일할 수 있는 곳: 각 학급 학교, 교육지원청, 교육청, 정부 기관, 연구소

환경 전문가

요즘 세계는 기후변화로 인한 환경 문제 때문에 골머리를 앓고 있습니다. 우리나라 또한 잦은 폭염, 산불, 태풍, 지진 등 전에 없던 변화를 느끼는 중입니다. 이로 인해 환경에 대한 관심이 점점 더 커지고 있습니다. 환경 전문가는 자연과 인간의 활동에 대해 전문적인 지식을 보유한 전문가를 말합니다. 그들은 세계인구가 살고 있는 지구의 환경 문제를 연구하고 관리합니다.

환경 전문가는 지구 환경 문제에 대해 어떤 문제점과 원인이 있는지 분석합니다. 분석한 결과를 토대로 해결방안을 제시하고 때로는 환경과 관련된 정책을 수립하는 데 있어서 의견을 제시하기도 합니다. 또한 각종 환경 문제에 대한 연구를 수행하고 사람들이 환경 문제에 대해 인식하고 행동할 수 있도록 환경 교육도 진행합니다. 미래 유망 직업으로는 '풍력 에너지 전문가', '도시 농업 전문가' 등이 있습니다.

- 관련학과: 환경과학, 생물학, 지리학, 화학, 공학
- 활동 분야: 자원 관리, 폐기물 처리, 환경 복원, 에너지 및 기후변화

• 일할 수 있는 곳: 공공 기관, 비정부기구, 기업, 대학, 연구소

지금까지 세계의 인구와 이에 따른 인구 문제, 그리고 환경과 관련된 직업들에 대해 살펴보았습니다. 동물 매개 치료사, 인구학자, 보건 의료 전문가, 교육 전문가, 환경 전문가는 모두 미래인구와 환경에 큰 영향을 미치는 분야에서 활동합니다. 이 직업들은 각자의 전문성을 바탕으로 지구와 인류가 마주한 문제들에 대한 해결책을 찾으며 우리 사회가 긍정적으로 변화할 수 있도록 돕는 역할을 합니다. 앞서 제시한 직업들 외에도 우리 세상을 더 나은 곳으로 만드는 흥미로운 직업들이 많습니다. 어떤 직업을 갖고 싶은가요? 여러분들은 미래 사회와 자연, 그리고 인구에게 도움을 주고 세계를 더 좋은 방향으로 이끌어갈 수 있습니다.

세계의 인구와 환경 그리고 이와 관련된 직업들에 관심을 가지고 미래를 준비하는 것은 매우 중요합니다. 책을 읽은 지금 이 순간부터 각자의 관심 분야를 찾아보고 좀 더 탐구해보는 건 어떨까요? 여러분들의 열정과 추구하는 가치가 무엇인지 되돌아보고, 그 가치를 찾기 위해 어떤 진로를 선택해야 할지 고민해 보세요. 그렇다면 미래에 지속 가능한 가치를 창출하는 전문가로 성장할 수 있을 것입니다. 더 넓은 세상으로의 도전을 준비하는 여러분들의 모습이 기대됩니다. 청소년 여러분들이 세상의 새로운 모습을 만들어가는 모습을 응원하겠습니다.

참고문헌

교육부, 2021, 경제협력개발기구(OECD) 교육지표 2021
교육통계서비스, 2021, 시계열자료집(1965~2021)
보편적 출생신고 네트워크, 2021, 2021 출생신고 실태조사
여성가족부, 2019, 2018 전국다문화가족실태조사 연구
여성가족부, 2010, 2010 조손 가족 실태조사보고서
통계청, 2023, 경제활동인구조사
통계청, 2023, 인구동향조사
통계청, 2023, 2022 출생 · 사망통계(잠정)
통계청, 2022, 시도별 장래인구추계
통계청, 2022, 2021 장래인구추계를 반영한 내 · 외국인 인구전망(2020~2040)
통계청, 2022, 2021년 육아휴직통계 결과(잠정)
통계청, 2022, 2021 장래인구추계를 반영한 세계와 한국의 인구현황 및 전망
통계청, 2021, 인구동향조사
통계청, 2021, 인구총조사
통계청, 2021, 장래인구추계
한국교육개발원, 2021, 시계열자료집(1965~2021)
KOSIS 국가통계포털, 2016, 2016 사회조사보고서
KOSIS 보건복지부, 2021, 가정위탁국내입양현황

지구는 무거워질까요 가벼워질까요
세계시민으로 자라는 청소년 인구 교실

초판 1쇄 발행 2023년 7월 28일
초판 2쇄 발행 2024년 4월 18일

지은이 송윤경, 박민지, 한정원, 정지윤, 송정연, 윤희상

펴낸이 김선기
펴낸곳 (주)푸른길
출판등록 1996년 4월 12일 제16-1292호
주소 (08377) 서울시 구로구 디지털로 33길 48 대륭포스트타워 7차 1008
전화 02-523-2907, 6942-9570~2
팩스 02-523-2951
이메일 purungilbook@naver.com
홈페이지 www.purungil.co.kr

ISBN 978-89-6291-062-9 43300